Kavalkade
Ratgeber

Ulrike und Christiane Gast

Pferde pflegen – perfekt präsentieren

KOSMOS

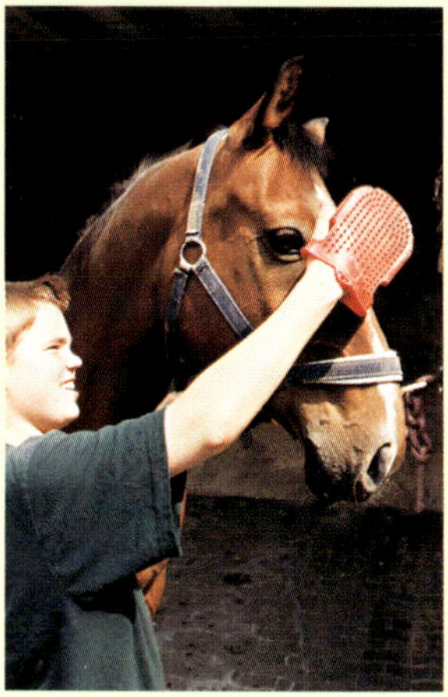

Was noch vor Pflege & Präsentation kommt … 4

Pferdepflege 9

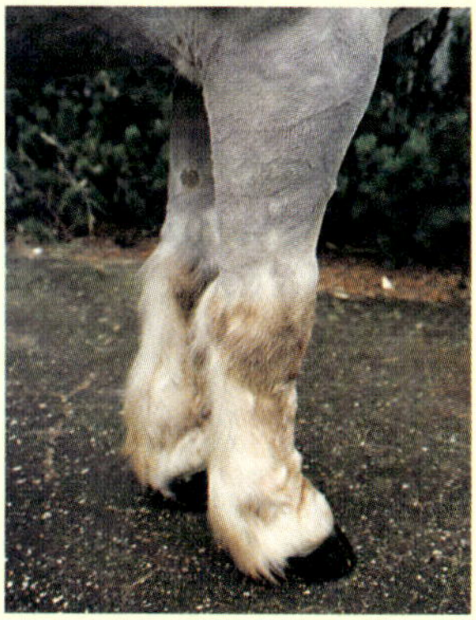

Sich von der besten Seite zeigen (lassen) 16

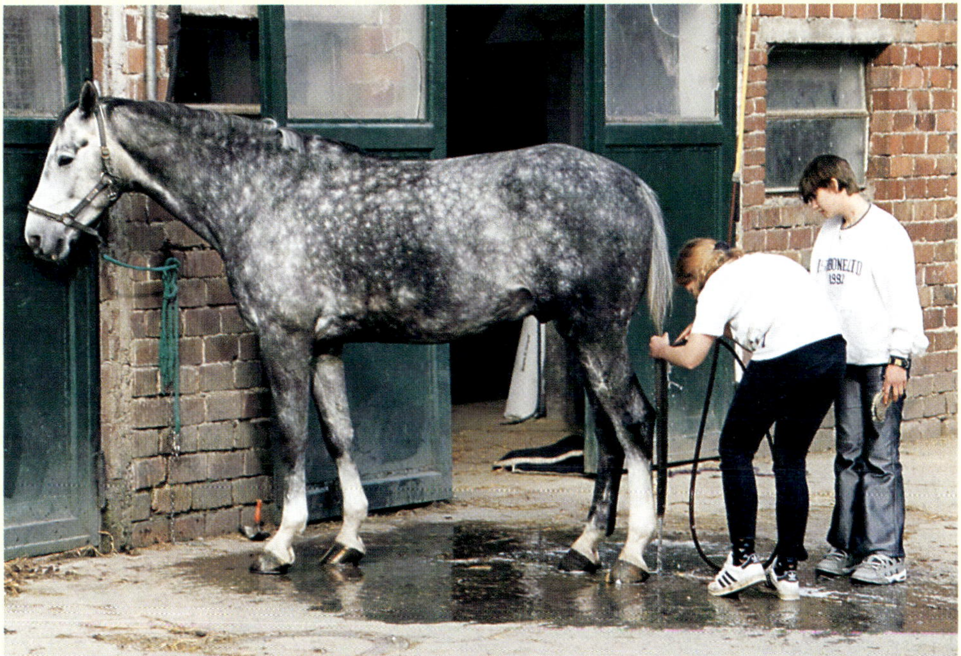

Was noch vor Pflege & Präsentation kommt...

α und Ω der perfekten Pferdepräsentation ist nicht etwa das richtige Verziehen oder Flechtwerk des Langhaares noch die gründliche Reinigung des Deckhaares. Natürlich sind auch sie von großer Bedeutung für den Eindruck den er, sie oder es hinterlassen. Die optimale Präsentation beginnt aber bereits viel früher, und zwar bei der für jeden Zweck perfekten Haltung und Fütterung.

Pferde und Ponys, die regelmäßig in der Öffentlichkeit vorgestellt werden, um z. B. einen Wettbewerb bei einem Turnier oder eine Stuten- bzw. Hengstleistungsprüfung möglichst zu gewinnen, gehören professionell gestylt und ernährt und untergebracht.

... von elementarer Bedeutung: die angemessene Unterbringung!

Bevor wir also zu Putzzeug, Verziehkamm, Zöpfchen und Schermaschine kommen – hier zunächst einige grundlegende Informationen bezüglich Haltung und Fütterung. Nur wenn die stimmen, stimmt's auch mit der Pflege und der Präsentation.

Und genau von diesen Zusammenhängen handelt das erste Kapitel dieses Ratgebers.

Unterbringungsmöglichkeiten

Natürlich können auch Pferde aus der Offenstallhaltung herausgeputzt werden und bei einer Schau oder einem anderen öffentlichen Termin glänzen. Halter, Vorsteller oder Reiter dieser Pferde und Ponys sollten sich jedoch darüber im Klaren sein, evtl. Stunden mit Grundreinigung und Verschönerung bzw. dem Herausstellen der körperlichen Attribute zu tun zu haben. Schlammlöcher und frei zugängliche Baumstämme können allzu leicht die Illusion von richtig liegendem Deck- und vollständig vorhandenem Langhaar platzen lassen. Offenstallhaltung ist also maximal etwas für Abenteurer und Leute mit richtig viel Zeit, wenn es um den perfekten Glanz und regelmäßige Teilnahme an Veranstaltungen geht.

Glänzen um die Wette: Stall und Bewohner

Einfacher ist in diesem Zusammenhang schon die Einzelzimmer- sprich Boxenhaltung mit geregelten Aufenthalten im Freien und weniger großen Möglichkeiten das haargenaue Styling zu ruinieren. In der Regel existieren hier keine Ecken, an denen speziell die Langhaare mal eben hängen bleiben können und hautnah auch nicht unbedingt hungrige Artgenossen, denen ausgerechnet Rosshaare am besten zum Spielen, Ausreißen oder (An)fressen geeignet scheinen.

In der Gruppe genießt es sich eben besonders gut.

Hintergründiges

Natürlich braucht auch ein in einer Box gehaltenes Pferd Weidegang bzw. Aufenthalte in freier Natur, damit es z. B. auch bei einem ausgeglichenen Interieur bleibt. Weiden für gelegentliche Aufenthalte im Freien sind in der Regel jedoch keine „Hochsicherheitstrakte", sprich mehrfach hoch eingezäunt. An den Holz- oder Metallpaddockzäunen bleiben Langhaare nun mal weniger schnell hängen als z. B. an einem Zaunpfahl mit vier übereinander eingedrehten Elektrodraht- oder Kordelisolatoren. Außerdem existieren auf solchen Weiden in der Regel selten (schattenspendende) Bäume, die natürlich sehr gerne auch als „Rubbelinstrument" missbraucht werden – ebenso wie z. B. ein Unterstand. Zu diesen geringeren Möglichkeiten, die Optik zu ruinieren kommt die Tatsache, dass in der Box gehaltene Pferde in der Regel auch ein geringeres Bedürfnis haben, sich zu schubbern, da zu dieser Art von Haltung die tägliche Körperpflege einfach dazu gehört. Ihre evtl. Vorliebe für Staub- bzw. Schlammbäder nimmt man entsprechend veranlagten Tieren aber nicht und daher ist der Zweibeiner dann wieder gefordert, genau zu überlegen, zu welcher Tageszeit der beste Aufenthalt seines Vierbeiners auf der Weide ist.

Auch bei „Langohren" beliebt: das Staubbad

Nichts ist reinigungsintensiver als ein „Vollbad" im Schnee.

Derartig durchdacht ist der Frust auf der einen und das Vergnügen auf der anderen Seite sicherlich ausgewogen bzw. vertretbar.

Ernährungsnotwendigkeiten

Die Sache mit der angemessenen Unterbringung ist die eine, die entsprechende Ernährung das andere Grundelement für Pflege, Präsentation und Preisschleifen. Auch hier steigen die Chancen in der Regel mit der für die Fütterung zur Verfügung stehenden Zeit, den optimalen Inhaltsstoffen und dem genau an-

... appetitlich und grundsätzlich in Top-Qualität – gilt immer und für jedes Futter!!!

Ein Schwarzwälder Fuchs, bei dem „es" offensichtlich stimmt.

gemessenen Volumen. Auch hier ist die Offenstall- oder Weidehaltung mit gelegentlichem Zufüttern wieder nicht der Ausgangspunkt für optimale Ergebnisse. Derartig gehaltene – auch noch so zufriedene Pferde – haben allzu leicht einen (kleinen) Grasbauch oder nicht optimal verteilte Muskel- oder Fettpakete. Was diese Pferde um Himmels Willen nicht abqualifizieren oder gar degradieren soll und auch nicht bedeuten soll, dass diese Vierbeiner nicht herausgeputzt werden sollten oder dürften! Wir möchten einfach nur nochmals darauf aufmerksam machen, dass „nur" durch Pflege aus einem „Feld-Wald-und-Wiesenpony" bzw. „-pferd" kein Renn-, Turnier- oder Schaupferd der Extraklasse zu machen ist.

Mit der entsprechenden Einstellung und Erwartungshaltung bzw. Trainingsprogramm ist es aber sicherlich kein Problem, ungefrustet eine Stutenschau, Tierschau oder ein Reit- und Fahrturnier zu besuchen. In freier Wildbahn sind Pferde z. B. 12 bis 16 Stunden nur mit der Nahrungsaufnahme beschäftigt. In der Regel handelt es sich dabei um Saft-, schon mal auch um Rau-, keinesfalls jedoch um Kraftfutteraufnahme. Unter menschlicher Obhut und bei entsprechenden Vorstellungen des Zweibeiners sind Saft-, Rau- und Kraftfutterbedarf und -mengen bzw. -gaben jedoch genauestens zu ermitteln und zu verabreichen.

(Weitere Infos z. B. unter:
http://myhome24.info/member/auf_dem_ruecken_der_pferde/htmlbody_ernaehrung.html
– inkl. Infos über die Wirkung verschiedenster Kräuter(zusätze)).

Ausschlaggebend für die Gesamtfuttergabe und -zusammensetzung sind zum einen die Größe und zum anderen die Art des Einsatzes des Pferdes / Ponys. So gilt keinesfalls generell, dass Pferde mehr und energiereicheres Futter erhalten als Ponys. Ponys, die z. B. im internationalen Spitzensport eingesetzt und entsprechend trainiert werden, erhalten mit Sicherheit mehr Kraftfutter als Pferde, die bei ländlichen Turnieren in Kinder- & Jugend- oder Seniorenprüfungen gestartet werden. Umgekehrt verhält es sich bei diesem Beispiel da schon bei der Gabe von Raufutter und Saftfutter.

Wer ganz auf Nummer sicher gehen will, verlässt sich außerdem nicht nur auf seine Augen – das äußere Erscheinungsbild seines Sportpartners –, der lässt auch noch mit Hilfe des Tierarztes und eines Labors ein (großes) Blutbild erstellen, aus dem z. B. leistungslimitie-

rende Faktoren abgelesen und mittels Futtersondergaben (Mineralsalze, Vitamine o.ä.) behoben werden können. (Stellvertretend seien hier genauer genannt: **www.ramikal.de** oder **www.equistro.de**).
Derartig durchdacht klappt's dann eigentlich in Verbindung mit der entsprechenden Pflege und dem angemessenen Styling auf dem Laufsteg der Eitelkeiten.

Plagegeister – Parasiten

Getrübt kann dieses Vergnügen allerdings dennoch werden, nämlich dann, wenn **Parasiten** die „Mannequin- oder Dressmanträume" platzen lassen. Natürlich ist dies eine weniger appetitliche Angelegenheit, aber auch diese Problematik wollen wir – aufgrund der Umfänglichkeit der Thematik und der Bedeutung für einen wahrhaft glänzenden Auftritt – nicht unerwähnt lassen.
Grundsätzlich können Pferde sowohl innerlich wie äußerlich von lästigen **Plagegeistern** befallen werden, die die Gesundheit, das Wohlbefinden und das makellose Erscheinungsbild mehr oder weniger ruinieren.
Dabei muss keinesfalls mangelnde Sauberkeit oder Hygiene die Ursache sein. Das größte Pech diesbezüglich haben häufig Tiere, die durch eine andere Krankheit bereits geschwächt sind. Daraus resultierende mangelnde Widerstandskräfte oder Untergewichtigkeit sind geradezu eine Einladung für Endo- (im Körperinneren angreifende) Parasiten und Ekto- (äußerlich aktive) Parasiten. (Infos und Pflegeprodukte siehe z. B. auch: **www.zedan.de**).
Wie aber nun Parasitenbefall vorbeugen und bekämpfen? Während im letzteren Fall sicherlich nichts ohne Hilfe des Tierarztes laufen kann bzw. sollte, gibt es gleich mehrere Möglichkeiten selbst aktiv Würmern, Dasseln, Milben oder Haarlingen einen Strich durch die Rechnung zu machen. Stall- und Weidehygiene – also z. B. die regelmäßige Entmistung der Box bzw. Grünfläche – wirken der Verbreitungsfreude erfolgreich entgegen. Auch die turnusmäßige Säuberung des Putzzeuges und die Tatsache, dass jedes Pferd sein eigenes Putzzeug haben sollte, beugen lästigem Parasitenbefall und dessen Verbreitung vor. Außerdem sollten von Geburt an **Ernährung** (z. B. unverzichtbare Ergänzungsfuttermittel als Reaktion auf Vitamin-/ Mineralstoff-/ Mangelböden), **Impfungen** (Tetanus, Tollwut, Pferdegrippe- & Herpesschutz) und **Entwurmung** mit System und Kontinuität erfolgen.

In qualifizierten Theoriestunden ALLES ansprechen & begreifen!

Derartig gekräftigt, geschützt und gepflegt kapitulieren die winzigen Angreifer vor dem guten Allgemeinzustand des Tieres. Und damit es genau dabei bleibt, haben die Pfleger von Pferden einiger (Spezial-) Rassen noch mehr zu tun als andere. Für alle Pferde mit üppigem Fesselbehang gilt die besonders gründliche Reinigung der Haarpracht von Schmutz, Staub, Schweiß oder Hautabsonderungen oder die vollständige Trocknung derselben, um z. B. Mauke (einem nässenden Ekzem in der Fesselbeuge) oder Raspe (ein schuppendes Ekzem in der Beugefläche des Karpalgelenks) vorzubeugen.

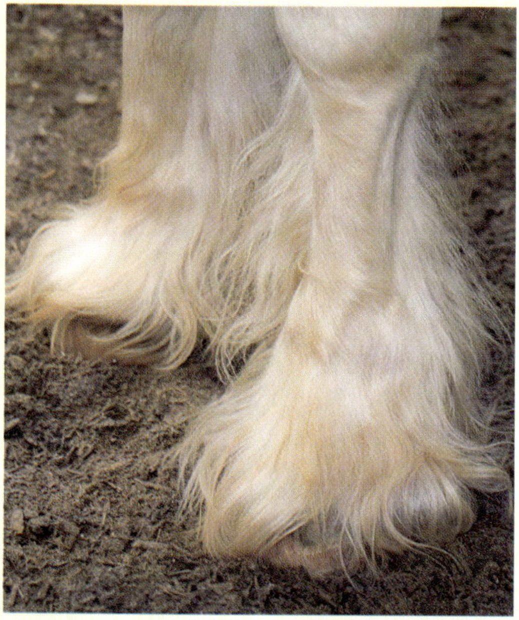

Traumhafter gepflegter Behang

Abhilfe – wenn es denn leider schon passiert ist – gibt es dann zum einen durch die Profis (Tierarzt, -heilpraktiker) und auch durch die diversen im Handel befindlichen (Pflege-) Produkte, beispielhaft sei hier genannt: Skin Guard (**www.biofarm.de**).

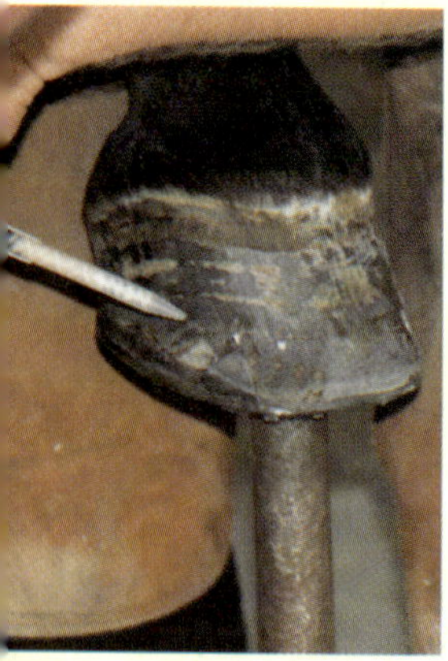

Hufprobleme

Last but not least ...

... seien dann noch evtl. auftretende **Hufprobleme** angesprochen. Es kann nämlich – trotz sehr regelmäßiger und intensiver Betreuung durch den Hufschmied und angemessener Fütterung und Pflege – passieren, dass z. B. der Beschlag einfach nicht hält u./o. Teile aus der Hufwand ausbrechen. Hier ist zum einen dringend geraten, die mögliche Ursache professionell genau analysieren zu lassen (es gibt leider auch zunehmend genetisch bedingte Probleme) und andererseits ist eine nicht nur kosmetisch/optische Intensivbehandlung durch den Schmied angesagt, um z. B. irreparablen (Dauer-) Schäden entgegen zu wirken.
(Unser Internettipp hier: **www.reiten.de/pferdehuf/pferdehuf.htm**).
Dies soll als kleiner Einblick in mögliche „Probleme und Katastrophen" genügen. Wir wollten Ihnen damit auch keine Angst machen oder Ihre Präsentationsträume platzen lassen. Wir wollten Ihnen lediglich verdeutlichen, dass nicht immer alles wunschgemäß abläuft und dass es eigentlich immer Erklärungen & Hilfe gibt!
Sie können also durchstarten!

Hufintensivbetreuung! Nur so wird aus kleinen Lücken kein großes Drama!

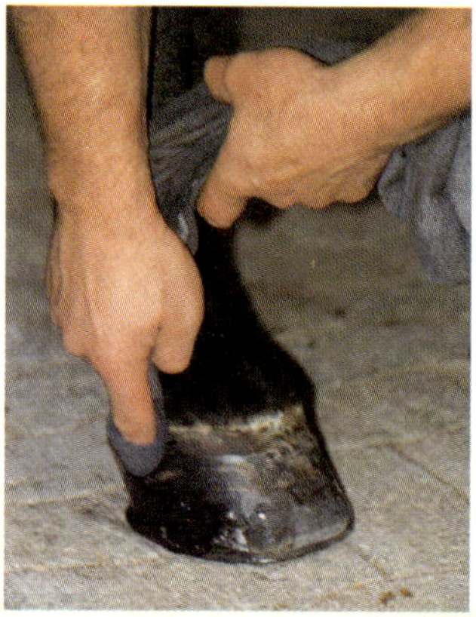

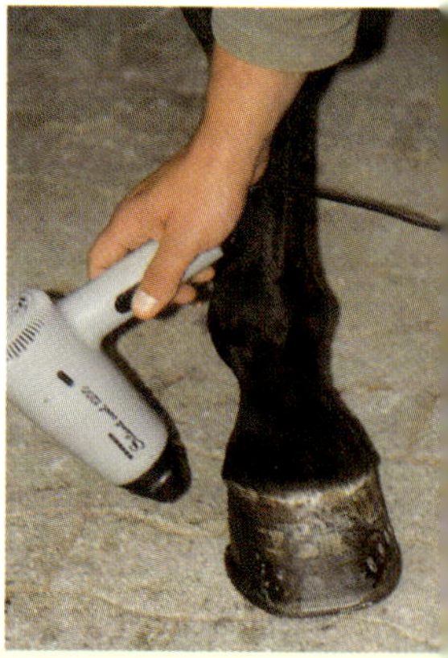

Pferdepflege

In der freien Wildbahn sorgt(e) das Pferd selbst – oder durch gegenseitige Fellpflege auch seine Artgenossen – für adäquate Fellbehandlung und Wohlbefinden. Durch Staub- oder Schlammbäder oder Schubbern oder das gegenseitige Knabbern wurden Haut und Haare einerseits beansprucht, aber auch geschützt (z. B. vor zu intensiver Sonnenbestrahlung oder den bereits angesprochenen lästigen Parasiten). Zum anderen wird die Durchblutung der (Unter-)haut intensiviert und die Talgdrüsen angeregt, die so ihren Teil zum Schutz vor Umwelteinflüssen beitragen. Darüber hinaus hatten/haben die „Knabberrituale" einen hohen Wohlfühl- und Bindungseffekt. Und da die Haut (genau wie beim Menschen) das größte Organ des Pferdes ist, ist das Putzen (die Reinigung, die Massage und die Beziehungspflege) ein wesentlicher Faktor bzgl. Wohlbefinden, Leistungswille/-fähigkeit und Widerstandskraft.

Um also die Gesundheit des Pferdes bei Stallhaltung nicht zu gefährden, muss der Mensch durch (tägliches) Putzen – unter veränderten Ansprüchen an die Sauberkeit – die Pflege des Vierbeiners übernehmen.

Wie nun aber „Haut & Haare", sprich Deck- & Langhaar, sowie Hufe von Dreck, Schlamm, Staub, Schmutz, Hautabsonderungen oder Schweiß sinnvoll befreien? Antworten auf genau die Fragen sind Inhalt dieses Kapitels! Und deshalb greifen wir jetzt zu unserem wohl gefüllten Putzkoffer und legen – nach der Beschreibung des Inhalts – los.

Merke

Putzen ist automatisch Prophylaxe und Gesundheitskontrolle!

Tipp

Der gebräuchlichste/umfänglichste Inhalt nützt nichts, wenn er nicht, zu kurz oder nicht am ganzen Körper zum Einsatz kommt! Lassen Sie sich also Zeit und putzen Sie Ihr Pferd überall „gut durch" bzw. sauber – also auch da, wo man es nicht sieht.

Über diesen Zeitfaktor sollte Partner oder Eltern aufgeklärt oder gar mit einbezogen werden.

Merke

Der Putzkoffer wird immer so abgestellt, dass er niemanden behindert und beim Putzen nicht umgetreten oder mit Haaren und Staub übersäht werden könnte.

Kein Zufall: eine glänzende Erscheinung! Auf den nächsten Seiten steht, wie es geht!

Putzkoffer – Grundausstattung

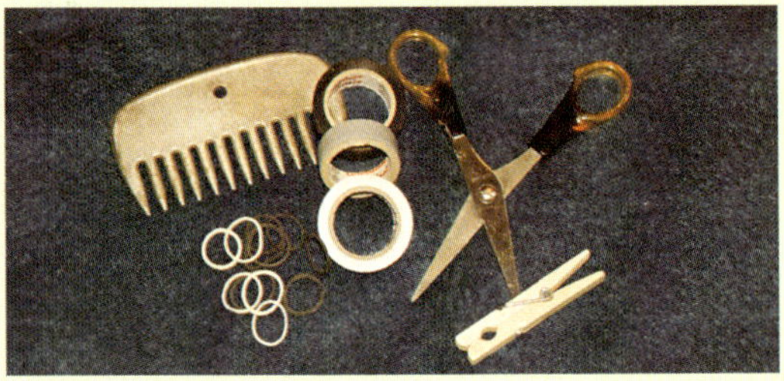

2 Schwämme
Kardätsche
Wurzelbürste
Gummistriegel
Plastikstriegel (Igel)
Mähnenkamm
Bei Bedarf: Einflechtutensilien
(Siehe z. B. www.Kavalkade.de).

Hufauskratzer
Huffett mit Pinsel
Wolllappen
nicht im Bild:

- Fell-, Mähnen-Schweif(glanz)-spray
- Insektenspray/-lotion
- Schweißmesser
- Desinfektionsspray

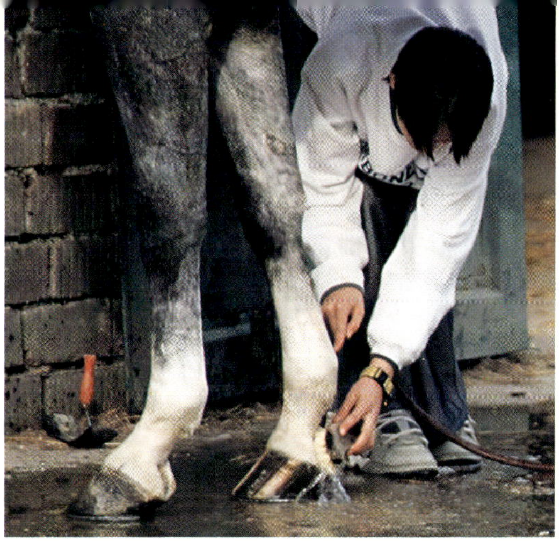

Beim Waschen beginne bei den Beinen und wähle einen nicht zu starken/kalten Strahl.

Geputzt wird nicht etwa in der Box, sondern auf der Stallgasse oder extra dafür vorgesehenen Plätzen. Die Box ist sozusagen: Ess-, Schlaf-, Wohnzimmer und auch WC, aber keinesfalls Badezimmer, denn die Reinigung des Pferdes hätte unweigerlich die flächendeckende Verunreinigung der Einstreu/des Boxenbodens zur Folge und somit wäre das Pferd max. kurzfristig sauber und darüber hinaus das Futter gefährdet.

Das Pferd ist also mit Hilfe von Halfter und Strick – durch die vollständig geöffnete Tür – aus der Box zu holen und mit einem Pferdeknoten oder einer max. 60 cm langen Kette plus Panikhaken ordnungsgemäß anzubinden.

Merke

Die Wahl des richtigen Putzplatzes ist Unfallverhütung pur! Das Pferd darf nie an beweglichen oder nachgebenden Gegenständen wie z. B. der Boxentür oder an einem ungesicherten Anhänger angebunden werden.

Nasspflege

Sprechen Verschmutzungsgrad und Witterung dafür, kann die Reinigung auch schon einmal durch ein „Vollbad" erfolgen.

Neben Wasser(schlauch) und Bürste bzw. Schwamm sollten nur Seifen/Shampoos benutzt werden, die den Säureschutzmantel der Haut nicht angreifen. Außerdem ist darauf zu achten, dass beim Einshampoonieren und insbes. beim Abwaschen kein Schaum o.ä. in die Augen des Pferdes gerät. Der Wasserstrahl/-schlauch hat am Kopf übrigens auch nichts zu suchen.

Merke

Stelle nie ein nasses Pferd in die Box!!!

Selbstverständlich ist auch die anschließende Trocknung. Neben dem Schweißmesser (an den gut bemuskelten Stellen) können Frotteetücher vor dem Spaziergang in angenehm temperierter Luft oder dem Aufenthalt unter dem Solarium zum Einsatz kommen. Selbstverständlich kann auch – entsprechend vorsichtig! – mit einem Fön gearbeitet werden. Das hat dann gleich den Vorteil, dass die Pferde beim Anblick und dem Geräusch einer Schermaschine nicht gleich mit Missfallen oder gar Panik reagieren.

Neben dem Vollbad gibt's selbstverständlich auch die bei fast jeder Witterung mögliche oder nötige „Katzenwäsche". Dabei werden mit Hilfe eines Schwamms und temperiertem Wasser z. B. Augen/Nüstern/Maul oder eines weiteren Schwamms Euter/Schlauch, After und die Schweifrübe von unten gereinigt.

Hufpflege

Auch die Hufe sollten vor dem Einfetten abgewaschen werden, um ein Austrocknen und den darauf folgenden Problemen entgegenzuwirken.

Bleiben wir bei den Hufen. Die sollten grundsätzlich als Erstes gesäubert werden. Hat sich z. B. ein Fremdkörper darin festgetreten, braucht das Pferd nicht un-

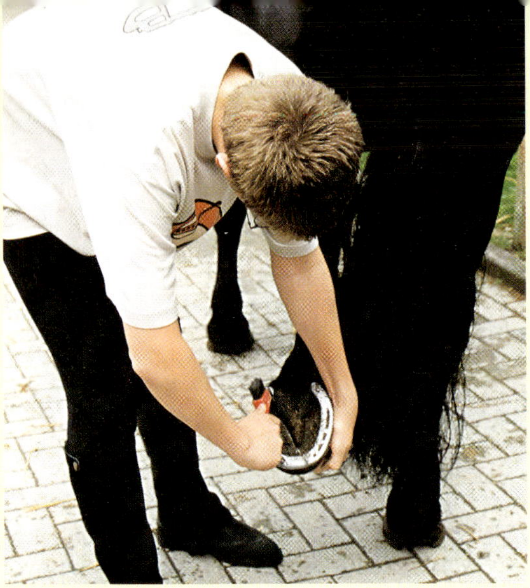

nötig länger auf einem Hubbel zu stehen oder Schmerzen zu ertragen. Außerdem kann – wenn nötig – in der Wartezeit auf den Hufschmied oder den Tierarzt das Pferd immer noch geputzt und „betütelt" werden.
Sollen die Hufe nicht nur gereinigt, sondern mit Hilfe von Fett oder Öl auch noch äußerlich auf Hochglanz gebracht werden, geschieht das logischerweise erst nachdem das Pferd komplett geputzt wurde. Wird im wahrsten Sinne des Wortes darüber geputzt, landen Staub, Haare und Hautabsonderungen direkt auf dem Hornschuh und nix ist mit gepflegter Optik.
Hufsohle und Strahl gehören übrigens zu den sensibelsten Körperpartien. Auf ihnen sollte stets ein intensiver kontrollierender Blick ruhen – und dies nicht nur, wenn das Pferd zu Problemen wie z. B. Strahlfäule neigt. Vor der evtl. nötigen Behandlung mit z. B. Kupfersulfat (Achtung: Medikament!) oder ähnlichen Produkten ist aber auf jeden Fall der Hufschmied zu Rate zu ziehen und durch (nochmaliges) Ausschneiden und/oder eine sehr gründliche Reinigung dafür zu sorgen, dass die Medikation auch wirken kann.

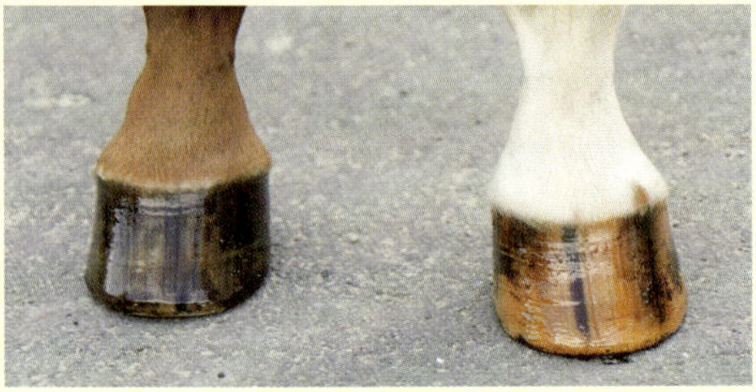

Merke

Die Hufe tragen die gesamte Last. Sorgen Sie durch Pflege und Umsicht dafür, dass sie nicht zur Belastung des Reitvergnügens werden.

Deckhaarpflege

Weiter geht's mit der Pflege des Deckhaares. Grundsätzlich wird dabei von vorne nach hinten und von oben nach unten gearbeitet. Nicht alle Bürsten eignen sich dabei für den Einsatz an/auf jeder Körperpartie.

Merke

Je weniger gut eine Stelle am Pferdekörper bemuskelt ist, desto weniger hart, bzw. nachgiebiger hat die zum Einsatz kommende Bürste zu sein!

Am Kopf und an den Beinen liegt die Haut fast direkt auf den Knochen bzw. über Bändern und Sehnen, d. h. für den Pfleger: **Vorsicht!**

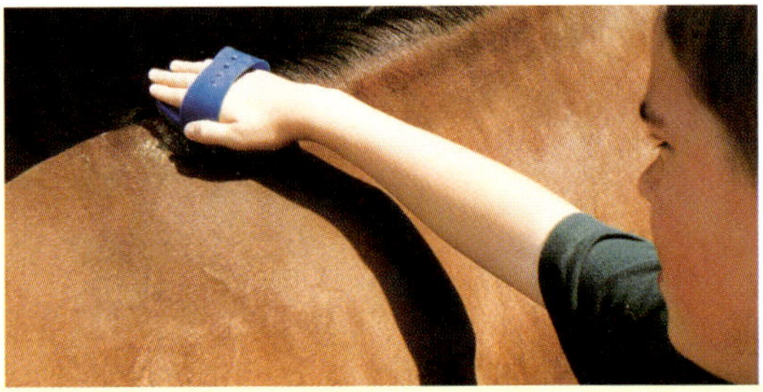

Natürlich muss der Dreck runter, aber nur mit Striegeln und Bürsten, die nicht Haut und darunter liegende Schichten verletzen. Dies mag auch der Grund dafür sein, dass sich der Metallstriegel aus der Überzahl aller Putzkoffer schon seit einiger Zeit verabschiedet hat; streng nach dem Motto: was nicht da ist, kann auch von niemandem falsch benutzt werden.
Mit leichtem Druck und kreisenden Bewegungen geht es zunächst um die Beseitigung des groben Schmutzes mit dem Gummi- oder Plastikstriegel bei gleichzeitiger Massage. Bereits hierbei ist durch Richtung und Druckverteilung darauf zu achten, **dass der Dreck nicht ins Fell, sondern daraus heraus gearbeitet wird**. Zwischenzeitlich ist der Striegel immer mal wieder auf dem Boden auszuklopfen. Gerade bei jungen Pferden natürlich nicht in unmittelbarer Nähe des Tieres, um dieses nicht durch Bücken u./o. „Krach machen" zu verunsichern.
Nachdem beide Seiten flächendeckend – also auch unter dem Bauch und an der Innenseite der Beine – vollständig bearbeitet sind, geht es entweder mit der Putzmaschine oder mit der Kardätsche plus Striegel weiter. Natürlich kann die Putzmaschine mit dem richtigen Vorsatz von Beginn an auch zum Einsatz kommen, das ist aber eher einstellungs- weniger ergebnisbedingt. Mit der *Kardätsche in der Linken* wird zunächst die *linke Pferdeseite* von allen verbliebenen Schmutz- und übrigen Hautpartikeln befreit.

Merke

Lang der Strich und kurz die Pause! Nach jedem „Zug" über das Deckhaar wird die Kardätsche kurz am Striegel abgestreift, um jedes Mal mit einer sauberen Bürste am Pferd zu wirken. Der Striegel ist seinerseits – wie gehabt – auf dem Boden auszuklopfen, damit der Dreck von dort endgültig entsorgt werden kann. Das Abklopfen an der Wand ist nicht nur unhygienisch, sondern führt auch dazu, dass der Putzbereich unnötig oft neu gestrichen werden muss, um keinen ungepflegten Eindruck zu hinterlassen.

Auf der *rechten Pferdeseite* geht es dann mit der *Kardätsche in der Rechten* weiter. Für beide Seiten gilt, dass auch der Bauch und die Innenseite der Beine mitgeputzt werden müssen. Besonders intensiv sind jedoch alle Bereiche zu reinigen, die später unter der Ausrüstung liegen.

Merke

Abgebrochene Haare, Scheuerstellen oder gar offene Wunden müssen nicht sein. Sie sind für die Pferde schmerzhaft und unterbrechen das Reitvergnügen unnötiger Weise mehr oder weniger lange.

Nach der umfassenden Reinigung und Massage kann das Ross mit Hilfe eines Wolllappens dann noch auf Hochglanz gebracht werden. Für die Präsentation in der Öffentlichkeit ist dieser zusätzliche „Reinigungsgang" zur Entfernung der allerletzten/feinsten Partikelchen sowieso ein Muss.
Die zarte Haut an Nüstern und Maul kann entweder mit einem feuchten Tuch gereinigt/„frisch gemacht" werden oder gar mit Babyöl zum Glänzen gebracht werden.

Achtung:
Auch hier gilt die Devise „viel hilft viel" nicht!
Babypflege-Produkte auf Ölbasis eignen sich übrigens auch gut zur Pflege des Schlauchs.

Langhaarpflege

Nach der Fellpflege müssen noch die Langhaare von Mähne und Schweif gereinigt, in Form gebracht bzw. verlesen werden. Hierbei ist besonders darauf zu achten, dass keine Haare ausgerissen werden. Schweifhaare brauchen z. B. mind. drei Jahre, wenn nicht sogar länger, um in voller Länge nachzuwachsen. Während also Mähne & Schopf durchaus mit dem Mähnenkamm bearbeitet werden können (es sei denn, es handelt sich um eine bis zum Buggelenk wallende Pracht bei z. B. einem Lusitano, Schwarzwälder Fuchs oder Friesen (siehe Foto) gilt für den Schweif grundsätzlich: **Handarbeit!** Mit den Fingern sind die Haare einzeln zu verlesen – entweder im nassen oder im trockenen Zustand. Denn wenn der Schweif so richtig dreckig und verklebt ist, kommt man an einer Wäsche nicht vorbei. Und damit die einzelnen Haare besser voneinander lassen, bietet der Handel etliche Pflegeprodukte, die ihm/ihr/euch die Arbeit wirklich erheblich erleichtern!

Pferde, die vor und auch nach der Arbeit gründlich gereinigt bzw. geputzt und wenn nötig gewaschen werden, verspüren logischerweise weniger Drang nach Wälzen und Schubbern. Außerdem beugt er/sie/es so Schweißekzemen oder Pilzerkrankungen ein weiteres Mal gewissenhaft vor.

Zur Unterstützung der Ganzkörperreinigung und Pflege des Pferdes gibt es wie bereits erwähnt unzählige Pflegelinien. Wenn Sie die Suchbegriffe Pferde – Pflege – Haltung – Fütterung in eine Internetmaschine (Metager, Google, Yahoo, Blinde Kuh) eingeben, werden Sie über die Fülle der Angebote überrascht sein. Hier daher abschließend nur einige exemplarische Beispiele zum Weiterstöbern:

http://horsewellness.de/inhalt/pflege1.htm
www.zedan.de
www.tiermedizin.de/fl.htm
http://mitglied.lycos.de/waunca/putzen.html
www.pferdewissen.ch.vu
www.pferdetipps-fuer-kids.de/seite8c.html

Auf den Standort kommt's an! Stehe stets neben und nicht hinter dem Pferd!

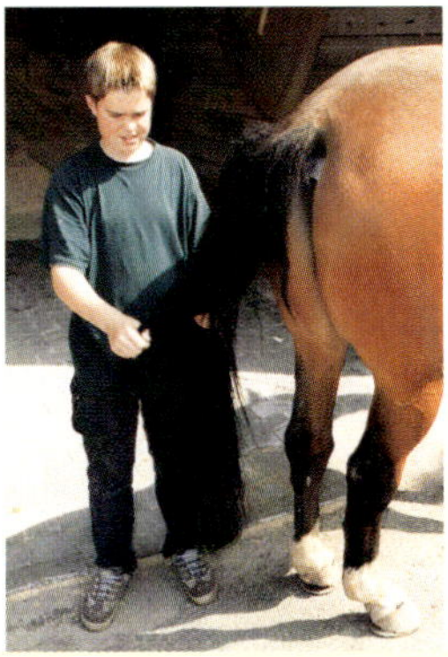

Sinnvolle und nötige Ergänzung der Pferdepflege: die Reithallenhygiene!!!

Im Überblick

Aspekte, die zur „geglückten" Pflege und Präsentation gehören:

Angemessene Unterbringung

Stellen Sie sicher, dass Ihr Pferd gemäß Ihren „Nutzungs"- und Präsentationsabsichten untergebracht ist. Je offener die Haltungsform, desto zeitintensiver evtl. (Grund-) Reinigung und Styling. Stall-, Weide- und Hallenhygiene sind Selbstverständlichkeiten.

Schritt für Schritt: Scheren

Was sommertags noch relativ unproblematisch gelingt: ein perfektes Aussehen vor, während und nach der Arbeit – wird wintertags häufig richtig schwierig. Wenn optische, medizinische u./o. Trainingsaspekte dafür sprechen, fallen häufig Haare.

Angemessene Ernährung

Stellen Sie sicher, dass Ihr (Sport-) Partner gem. Ihrer Einsatzwünsche mit Kraft-, u./o. Rau- bzw. Saftfutter versorgt ist.

Frisieren, Flechten, „Verbinden"

Jeder Gang in die Öffentlichkeit ist angemessen vorzubereiten. Glänzendes Deckhaar wird z.B. gekrönt durch extravagant eingeflochtenes, zurechtgemachtes Langhaar.

Angemessenes Training/ Vorbereitung

Tolle Muskelpakete an den richtigen Stellen und eine rundherum glänzende Erscheinung sind keine Zufallsprodukte, sondern das Ergebnis vieler Übungseinheiten. Vier- & Zweibeiner sollten fit sein, damit niemand mitten drin schlapp macht oder ausgerechnet im „Endring"/Finale nichts mehr draufzulegen hat.

Vorbeugung ist besser als heilen!

Egal ob Haut, Haare oder Hufe – kümmern Sie sich bei den ersten Anzeichen um evtl. auftretende Probleme. Kleine Lücken sind z.B. relativ schnell geschlossen – große ziehen Großes nach sich.

Nass- & „Trocken"-Pflege

Putzen ist nicht nur Reinigung, sondern auch Massage und Beziehungspflege. Nehmen Sie diesen Teil ihres Hobbys ebenso gewissenhaft wahr, wie die Reit-, Fahr- oder Voltigierzeit. Selbstverständlich am richtigen Platz und mit separater Ausrüstung für jedes Ross.

Sich von der besten Seite zeigen (lassen)

Ob nun das Verziehen der Mähne zur Pflege gehört oder ob es sich dabei bereits um einen Präsentationsaspekt handelt, ist sicherlich für den einen oder anderen eine Glaubensfrage – für uns weniger. Wir haben uns ganz einfach dazu entschieden, alle Extras, also Verziehen, Einflechten, Stylen und Scheren, in diesem dritten Kapitel zusammenzufassen. Hier ist alles nachzulesen, was über „Waschen – Legen – Fönen" – was für viele Vierbeiner durchaus reicht, um einen guten Eindruck zu hinterlassen – hinausgeht!

Merke

Wenn das Deckhaar nicht glänzend geputzt ist, wirken weder Flechtwerk noch Zöpfchen.

Die Mähne verzogen bekommen („rasse- oder nutzungsbedingt") mehrheitlich Pferde & Ponys, die im Turniersport eingesetzt werden. Der „sportive Look" kann sowohl offen getragen (Spring- oder Geländefahrprüfungen) wie in unzählige kleine Zöpfchen entlang des Mähnenkamms gebannt werden (z. B. Dressur- oder Hindernisfahrprüfungen).

Bevor man sich erstmalig zutraut, selbstständig eine Mähne zu verziehen, sollte er, sie, es sich mehrfach mit Zuschauen und Nachlesen begnügen.
Außerdem ist es sicherlich nicht schlecht, beim „1. Mal" unter Anleitung bzw. Kontrolle zu arbeiten – der betroffene Vierbeiner würde es sicher begrüßen.

Die Verziehausrüstung

Um eine Mähne ordentlich verziehen zu können, braucht „der Pferdefriseur": Mähnenkamm, Bürste, Verziehkamm und auch Schere. Zunächst wird die Mähne sorgfältig durchgebürstet bzw. gekämmt. Gemäß der **Minifotoserie** arbeitet sich der Hairstylist dann von einem Mähnenende zum anderen. Dabei ist es total wichtig, die ein Mal um den Verziehkamm gedrehten Haare, immer im gleichen Abstand zum

Mähnenkamm zu durchtrennen bzw. auszuzupfen. Das dadurch verursachte Ziepen empfinden manche Pferde als derartig unangenehm, dass sich alle Beteiligten wünschen, es wäre schon vorbei. Die meisten Pferde haben allerdings kein Problem damit – im Gegenteil, sie genießen die zusätzliche Zuwendung, sind aber sicherlich auch dankbar, wenn nicht zu viele Haare gleichzeitig um den Verziehkamm gedreht und bearbeitet werden.

Nachdem dann die Mähne der Länge nach mit dem Verziehkamm bearbeitet worden ist, werden mit der Schere kleine evtl. entstandene Unregelmäßigkeiten in der Länge ausgeglichen. Außerdem werden die Haare direkt über dem Genick bzw. kurz dahinter bis zum Ansatz abgeschnitten, damit sie weder vom Halfter noch von der Trense durch- oder abgeschubbert werden können. Der Schopf kann mit Verziehmesser und Schere bearbeitet werden oder bleibt naturbelassen (was in den meisten Fällen am besten aussieht und auch nicht als unfrisiert gilt). Er kann nämlich – wenn üppig genug – durchaus auch bei Sportpferden einen natürlichen Fliegenschutz beim Weidegang abgeben. Nach nochmaligem Durchkämmen und evtl. Kürzen der letzten aus der Reihe tanzenden Haare, ist die pflegeleichte Frisur dann auch schon fertig. Wenn nicht zu viele Wirbel dagegen sprechen, fällt sie ca. eine Hand breit zu einer Seite des Mähnenkamms und kann wie gesagt sowohl offen getragen werden, wie auch in unzählig vielen kleinen Zöpfchen kunstvoll verschwinden.

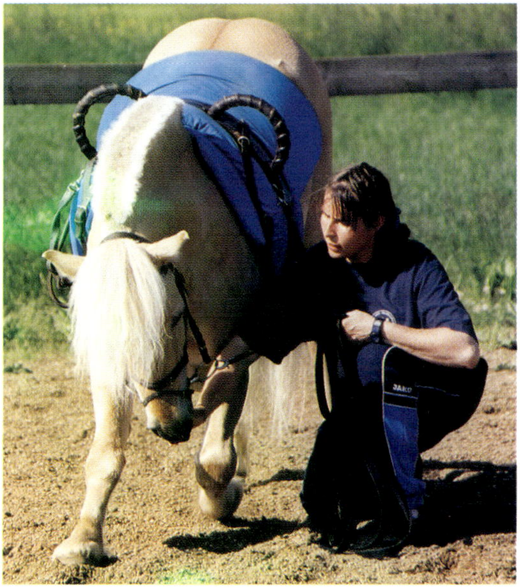

Dieser rassetypische „Bürstenschnitt" ist das Markenzeichen des Norwegers – nur so kommt die Zweifarbigkeit so richtig zur Geltung.

Minifotoserie ... Unser „braunes Fotomodell" ist übrigens dabei, Schimmel zu werden.

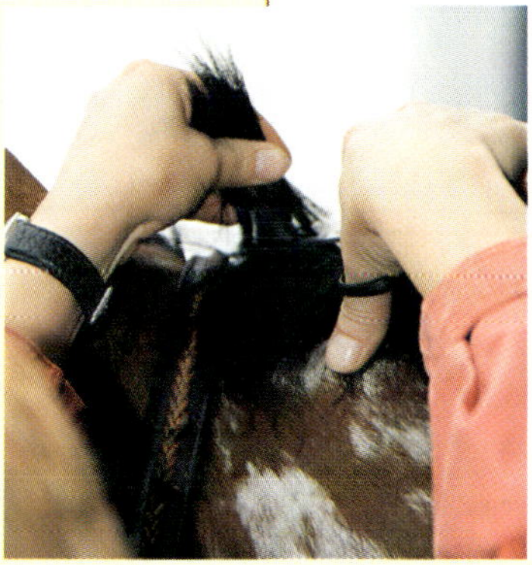

Neben einem guten Auge die grundlegenden Materialien zum ordentlichen Einflechten: Kamm, Wäscheklammer, Einflechtegummis, Schere und Isolierband (alternativ: Nadel & Faden).

Das Einflechten

Auch für das **Einflechten** gilt: erst Zuschauen, dann selber machen! Es sieht nämlich – wenn alles akkurat erledigt wurde – doch evtl. viel einfacher aus, als es dann letztendlich ist. Ganz blutige Anfänger sollten beim 1. Mal die komplette Mähne – Zopf für Zopf – abteilen und ein Gummi um das abgeteilte Stück Haare geben, um dann im uneingeflochtenen Zustand die Einteilung überprüfen zu können. Natürlich ist dies ein zusätzlicher Arbeitsgang, der Zeit kostet. Ist die Mähne aber erst einmal komplett „falsch" eingeflochten, ist der Zeitaufwand und Ärger sicherlich um ein Vielfaches höher! Erfahrene trennen die für jeden Zopf benötigte Mähnenpartie nacheinander einzeln gleichmäßig ab und halten z. B. mit einer Wäscheklammer die restliche Mähne im Zaum – während ein Zöpfchen geflochten und mit Gummi versehen wird. Die Zöpfe werden in Richtung Hals oder davon weg geflochten – je nachdem ob eine optische Vergrößerung des Halses angestrebt wird oder nicht. Entweder mit einem weiteren Gummi oder gleich mit demselben wird dann jedes 1 oder 2 Mal gegen sich selbst geschlagene Zöpfchen endgültig in Form gebracht bzw. befestigt.

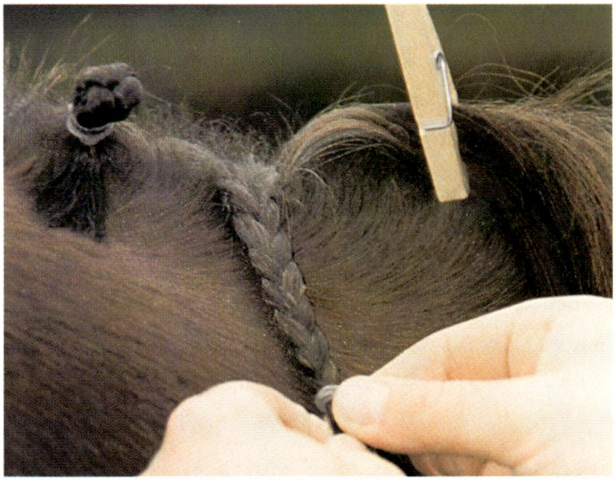

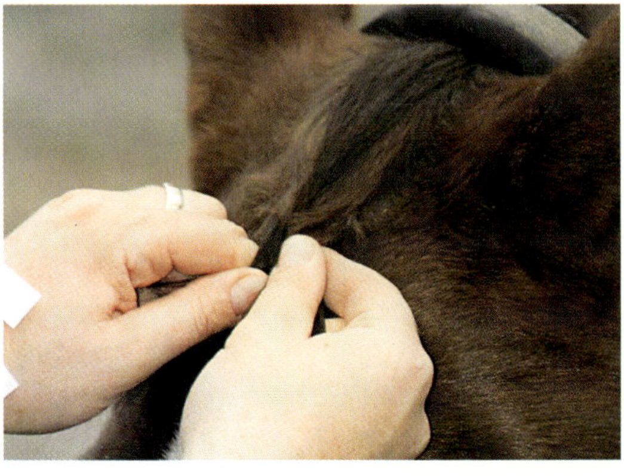

Schritt für Schritt ...

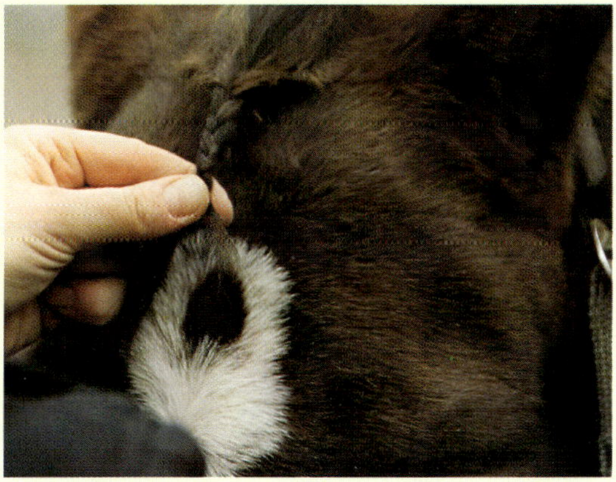

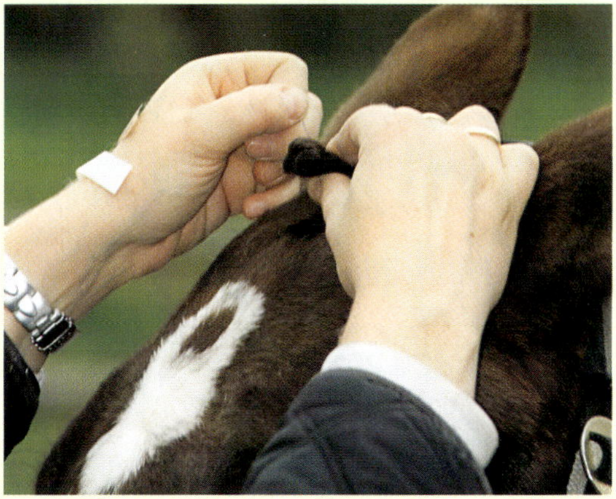

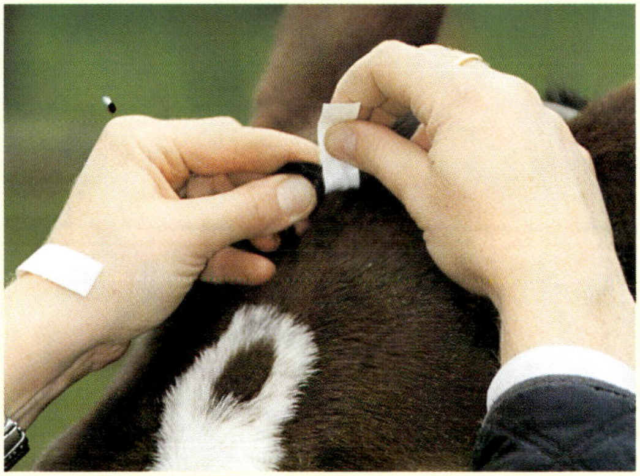

... zur gewünschten Frisur.

Abschließend wird jedes einzelne Gummi dann unter einem 2 – 3 Mal um jeden Zopf geklebten Isolierbandstreifen verborgen – fertig ist die Turnier- bzw. Körfrisur. Wer den „farbigen Isolierbandzöpfchen“ nichts abgewinnen kann, kann die eingeflochtene und mit Gummi versehene Mähne auch nach dem Gegeneinanderschlagen (Falten) mit einer Stopfadel plus dickem (ungefähr mähnenfarbigen) Faden gegeneinander nähen! Schon wenige Stiche durch Zopf und Ansatz genügen, um die Angelegenheit zum Halten zu bringen – erst recht, wenn die Mähne zuvor angefeuchtet wurde oder gar nass war.

Der Schweif

Bevor wir zur lang herunterwallenden Mähnenpracht kommen, begeben wir uns zunächst an das andere Ende des Pferdes – also zum Schweif! Seine gepflegte Optik schließt den (sehr) guten Gesamteindruck des Vierbeiners im wahrsten Sinne des Wortes ab und ist daher alles andere als egal. Auch hier gibt es wieder mehrere Möglichkeiten einen ordentlichen Schlusspunkt zu setzen! Seit Generationen bekannt und beliebt ist sicherlich der Einsatz von Schermaschine und Schere entlang der ersten 20 cm vom Schweifansatz in Richtung Schweifspitze.

Alles, was über die Breite der Schweifrübe nach rechts oder links über die Ränder hinauswächst, fällt dabei der Maschine und/oder der Schere zum Opfer. Eine wirklich tadellose Angelegenheit, wenn die Übergänge stimmen und „der Wildwuchs" regelmäßig beigeschnitten bzw. kurz gehalten wird.
Witterungsunabhängiger und damit zumindest für Weidegänger viel empfehlenswerter ist das Flechten eines Bauern- oder Mozartzopfes vom Schweifansatz ca. 30 cm in Richtung Schweifspitze. So ist der Po sowohl bei Ausflügen ins Grüne geschützt, als auch beim Turnier schick verpackt. Damit das Flechtwerk funktioniert brauchen Sie zunächst drei Strähnen. Auf dem Weg nach unten nehmen Sie jeweils seitlich einige Haare dazu. Sobald Sie die gewünschte Länge erreicht haben, flechten Sie die drei Strähnen – ohne weitere Haare hinzuzunehmen – einfach bis nach unten oder geben das Gummi sofort unter dem Zopf um die Haare.

Flechtfrisuren sind eben immer haargenau richtig.

So stehen Sie richtig, um das Schweifende auf Maß zu bringen.

Noch eine weitere Kleinigkeit sollte nicht unerwähnt bleiben. Der Schweif sollte – nicht nur aus hygienischen Gründen – ca. in Höhe des Fesselkopfes enden. Natürlich kann man mit der Hand entlangfahren und ihn genau dort stumpf abschneiden – man muss es aber nicht. Trägt das Pferd nämlich – im Rahmen einer Prüfung – seine rückwärtige Langhaarpracht, ist das Ende dann unweigerlich schief. Stellen Sie sich also beim Abschneiden ganz einfach mit der Schulter unter die Schweifrübe. So simulieren Sie den getragenen Schweif. Wenn Sie das untere Ende in dieser Position kürzen/stumpf abschneiden, ist er dann zwar nicht mehr ganz gerade, aber im entscheidenden Moment immer gerade – glänzend in Form.

Merke

Je üppiger die Langhaarpracht, desto zeitintensiver der tägliche Pflegeaufwand – ansonsten triumphieren Filz und ausgerissene oder weggerubbelte Partien!!!

Das Netz

Kommen wir zurück zu dem anderen, im wahrsten Sinne des Wortes: Langhaar. Wird die Mähne nicht verzogen, sondern lang und immer länger getragen, bietet auch sie eine Vielzahl von Möglichkeiten zu imponieren. Halblanges bzw. schulterlanges Haar kann z. B. Stufe für Stufe zu einem **Netz** verarbeitet werden:

Beim Netz kommt es darauf an, den Durchblick zu behalten.

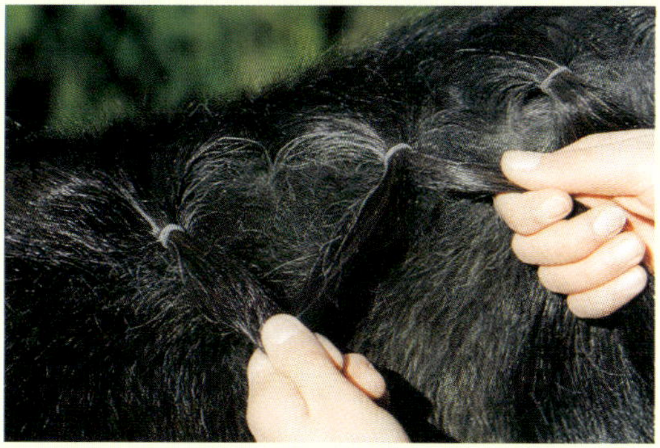

Bis dahin braucht es schon etliche Jahre ...

Werden die Haare noch länger, werden sie häufig in der Show offen getragen und unter der Woche eingeflochten – um den Verlust von Haaren in Grenzen zu halten und einen „Wasserwellencharakter" hinzubekommen. Iberische Pferde – bzw. entsprechend vorgestellte – bekommen ihre Mähnenpracht auch sehr häufig mit einem langen, breiten Band eingeflochten. Das sieht nicht nur klasse aus – das vergrößert den Pferdehals außerdem optisch sehr geschickt und verleiht dem Ross ein Mehrfaches an Eindruck – auch gegenüber einem schwarzen Fleischberg namens Stier.

Auch Friesen steht die mit einem schmalen, langen Tuch gebannte Mähne erstklassig.

Iberische Hengste (egal, ob Lusitano o. Andalusier) tragen immer lang, während die Stuten auf der Weide Mähne und Schweif zu großen Teilen rasiert bekommen.

Derartig typgerecht gestylt dürften alle positiven Veranlagungen des Pferdes bei der Stutenschau, der Hengstkörung, dem Turnier oder in der Show glänzend in Szene gesetzt sein. Natürlich kann allzu üppiger Bewuchs in den Ohren, an den „Backenrändern" oder am Fesselsporn zusätzlich auf Maß gebracht werden. Wir lehnen jedoch ganz klar ausrasierte Ohren, abgesengte Tasthaare oder Schwitzpackungen um den Hals zur zusätzlichen Optimierung der Optik ganz eindeutig ab!!! Der letzte wahre Glanz kommt sowieso von innen! Also nur Mut.

Merke

- Die Vorstellung eines Pferdes an der Hand will genauso wie die Präsentation unter dem Sattel oder vor dem Wagen vorbereitet und trainiert werden.
- Nur Pferde, deren Training, Fütterungszustand, Hufbeschlag und Pflegezustand glänzend aufeinander abgestimmt sind, haben im vergleichenden Wettkampf Chancen auf Platz und Sieg.
- Das Langhaar eignet sich besonders gut, um Stärken des Pferdes gezielt herauszustellen oder kleinere Defizite geschickt zu kaschieren.
- Um wirklich im besten Lack aufzulaufen, ist nicht nur die Anzahl der Übungs- und Pflegeeinheiten im Vorfeld entscheidend, sondern auch der Zeitpunkt, wann er, sie, es in der Arena der Eitelkeiten eintrifft. Reisen Sie z. B. viel zu früh an, hat sich ihr Pferd vielleicht schon derartig aklimatisiert, dass es teilnahmslos den Kopf hängen lässt und so zwar einen top gepflegten, nicht jedoch einen wachen Eindruck hinterlässt. Kommen Sie auf den letzten Drücker, können Sie während der Anhängerfahrt angefallene Probleme nicht mehr in den Griff bekommen/beseitigen und haben evtl. auch ein nervöses oder gar unwilliges Pferd am Zügel.
- Der, auf den es in jedem Fall ankommt, sind Sie (und Ihre Helfer). Sie haben nicht nur die Zügel, sondern alle Fäden in der Hand. Stimmt die Optik und haben Sie das Aufstellen, Anführen, Antraben und Durchparieren so gewissenhaft geübt, dass Ihr Ross durch gepflegtes Exterieur, einen taktreinen Bewegungsablauf, Losgelassenheit und einen enormen Schub aus der Hinterhand auch an Ihrer Hand brilliert, kann die Präsentation nur positiv verlaufen.
- Alle auch noch so gewissenhaften Vorbereitungen des Pferdes sind genau genommen umsonst, wenn Sie selbst während der Präsentation schlapp machen! Also ab ins Trainingslager, wenn Ihre Kondition jetzt noch nicht reichen sollte. Selbstverständlich sollten Sie bei der Vorstellung selbst auch ein angemessenes Outfit tragen. Friesen werden z. B. in der Regel ganz in weiß vorgestellt und in Land- oder Privatgestüten sind einheitliche Westen mit Logo üblich.

Scheren & Co

Während es sommertags relativ einfach ist, einerseits einen gepflegten/glänzenden Eindruck zu hinterlassen und andererseits Trainingszeit und Pflegezeit einigermaßen miteinander zu harmonieren, ist es wintertags in unseren Breitengraden gar nicht so einfach, alles unter eine Kappe zu bekommen. Was also tun, um weiter trainieren zu können und trotzdem anschließend ein trockenes Pferd in die Box zu bringen? Eine Möglichkeit das Winterfell „zu bekämpfen" ist das frühzeitige Eindecken des Pferdes mit einer entsprechenden Decke im Herbst (z. B. Anfang September). Wenn man Glück hat, legt sich der Vierbeiner dann keinen Teddy zu und kann wesentlich länger gearbeitet als trocken geritten werden. Ist diese Maßnahme nicht ausreichend, bleibt dem Pfleger eigentlich nur noch der Griff zur Schermaschine, um mehr oder weniger viel „Wolle" zu entfernen und so weiteres Training zu ermöglichen. Aber nicht nur aus trainingsspezifischen, sondern auch aus gesundheitlichen Gründen ist für den einen oder anderen Vierbeiner eine Scherfrisur angebracht. Manchmal wird nämlich durch den Winterpelz der Stoffwechsel derartig runtergefahren, dass es z. B. zu Problemen mit den Nieren und/oder beim Wasserlassen kommen kann, die man ohne aufwändige Medikation so schnell und umfänglich nicht in den Griff bekommt.

Je nach Zweck und Geschmack gibt es neben den standardisierten Scherfrisuren unzählige individuelle. Wer nun glaubt, dies wäre auch etwas für ihn bzw. den eigenen Vierbeiner, der sollte auch in diesem Fall erst unter Anleitung arbeiten bzw. in die „Lehre" gehen, bevor er sich an „sein Gesellenstück" wagt.

Merke

Selbstverständlich ist das Pferd/Pony vor dem Scheren gut zu putzen.

Eine Schermaschine macht kurzen Prozess.

Genauso entscheidend wie beim Putzen die Richtung und der Druck sind, ist auch der Winkel zu den Haaren beim Scheren.

Aus diesem Winkel wird es was.

So kann's nichts werden.

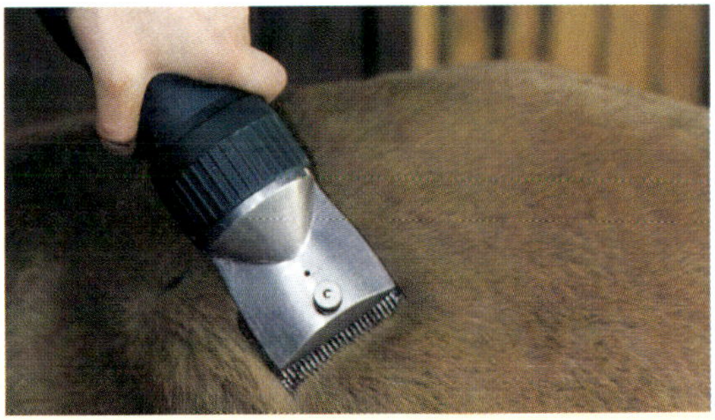

Außerdem ist der Bereich, der geschoren werden soll, zuvor genauestens – z. B. mit Kreide – zu kennzeichnen, damit aus dem tiefen kein hoher Streifenschnitt oder gar eine Vollschur wird.

Darüber hinaus ist vor dem Scheren sicherzustellen, dass der Akku der Maschine voll ist (wenn man nicht mit Kabel/Netzbetrieb arbeiten möchte), dass keine stumpfen Messer im Scherkopf stecken, der Luftfilter sauber ist und Öl bereit steht.

Tipp

Nehmen Sie sich Zeit für die Vorbereitung – das erspart nicht nur Ärger, sondern ein unerwartetes Ergebnis bzw. abruptes Ende!!!

Des Weiteren empfiehlt es sich abzuklären, ob das Pferd über Scherroutine verfügt. Sollte das der Fall sein, gehen wir davon aus, dass dabei keine schlechten Erfahrungen gesammelt wurden – Sie also gewissenhaft und vorsichtig (ohne Nasenbremse oder Doping) loslegen können.

Sollte das Pferd Maschine & Geräusch nicht kennen, empfehlen wir auf alle Fälle ein schnurloses Gerät und „Trockenübungen“, bevor es tatsächlich an die Entfernung der Haare geht. Fahren Sie z. B. mit dem nicht eingeschalteten Gerät am Pferdekörper entlang, um dem Vierbeiner evtl. Angst vor dem Unbekannten zu nehmen. Geräuscherfahrungen vermitteln Sie getrennt, z. B. durch Fönen von nassen Körperpartien, was sicherlich (nach ein bisschen Gewöhnung) vom Pferd als positiv empfunden wird. Die Schermaschine kann dabei das zusätzliche Hintergrundgeräusch abgeben. Der Ort, an dem Sie üben, sollte auch der Ort sein, an dem später geschoren wird. Planen Sie auf alle Fälle genügend Zeit zum Scheren ein und arbeiten Sie nötigenfalls nervenschonend in mehreren Etappen. Hat sich das Pferd (über mehrere Durchgänge/Saisons) erst einmal an das Prozedere gewöhnt, relativiert sich der Zeitaufwand ohnehin.

Merke

Gründe, aus denen Pferde geschoren werden:

- Das Pferd/Pony kann weiter gearbeitet werden – ohne enorme „Energieverluste“ durch die zusätzliche Belastung durch das dicke Winterfell.
- Der Konditionsverlust hält sich durch angemessen langes Training und nicht so doll schwitzende Pferde in Grenzen.
- Da keine langen dicken Haare den Schweiß halten, kann das Pferd schneller wieder trocknen und sich so weniger schnell erkälten.
- Die Pflege ist leistbar und steht in akzeptablem Verhältnis zur Reitzeit.
- Medizinische Gründe, z. B. das Scheren einer kleineren Stelle, um eine Wunde besser versorgen zu können, oder gar eine komplette Scherfrisur, um den Stoffwechsel auf Trab zu halten.

Bei diesem Jagdschnitt wurden die Beine ebenfalls zurechtgestutzt.

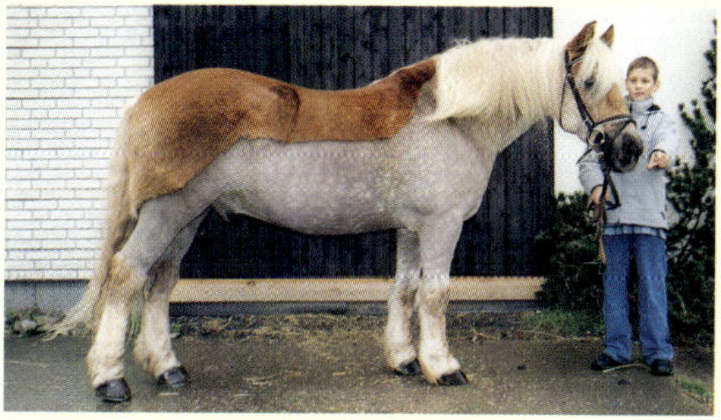

Bei diesem Streifenschnitt fällt der Unterschied zwischen Winterfell und geschorener Partie besonders auf.

Bevor Ihr Pferd so oder anders aussieht, sollten Sie in Gedanken nochmals die folgende Liste durchspielen, um vor Überraschungen gefeit zu sein und wirklich zu dem gewünschten Ergebnis zu kommen.

Merke

- Es wird gegen den Strich geschoren.
- Generell wird in Etappen von vorne nach hinten gearbeitet.
- Nachdem der erste Streifen von hinten nach vorne in einem Abschnitt gefallen ist, empfiehlt es sich als Nächstes den direkt darüber und darunter liegenden zu scheren.
- Jeder Streifen überschneidet den vorigen, so dass die Messer niemals in der ganzen Breite arbeiten müssen.
- Der Scherkopf ist generell flach anzusetzen! Entsteht ein großer Winkel zwischen Messern und Haut, hinterlässt das im günstigsten Fall sichtbare Spuren, im schlimmsten Fall kommt es zu Verletzungen.
- Handelt es sich um sehr dichtes und langes Fell, muss zur Not 2–3 Mal über die gleiche Stelle gegangen werden – bei jedem Arbeitsgang etwas tiefer.
- Die Unterseite der Messer ist ständig zu überprüfen, da sie im Laufe der Arbeit warm, ja sogar heiß werden kann. Die Arbeit ist dann so lange zu unterbrechen, bis dem Pferd die Temperatur wieder zuzumuten ist. Nutzen Sie die Pause zur Kontrolle der bisherigen Arbeit.
- Apropos Temperatur: Zu Arbeitsbeginn können die Messer verdammt kalt sein, legen Sie das Gerät also ins Warme bevor Sie starten, sonst könnte das erste Ansetzen auch das letzte sein – das Gleiche gilt für den Fall, dass Sie das Pferd mit der Maschine „kneifen".
- Am Kopf, unter dem Bauch und an der Innenseite der Beine sind die Tiere besonders empfindlich, hier darf das Messer wiederum keinesfalls zu warm sein.
- In der Kehlpartie, um die Jochbeinleisten und an den Ansätzen der Vorderbeine sowie im hinteren Teil der Flanken und vor dem Knie ist es richtig schwierig die Haare kompetent zu entfernen, bewahren Sie Ruhe und Geduld, ziehen Sie die Haut etwas passend und arbeiten Sie von Hand nach.
- Kompetente Hilfe kommt immer gut!

Ordentlich angezeichnet sieht das Ergebnis doch richtig gut aus …

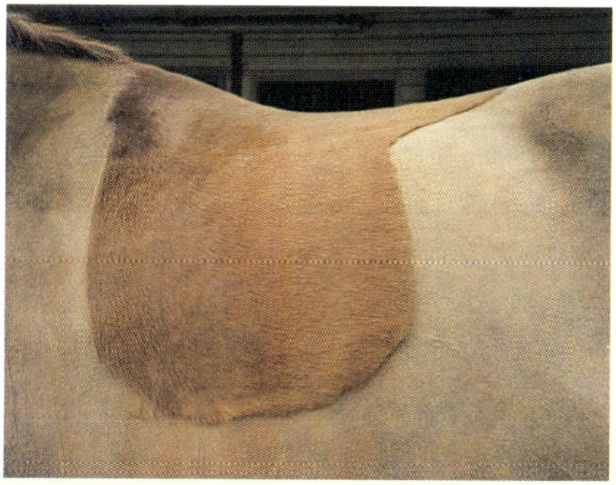

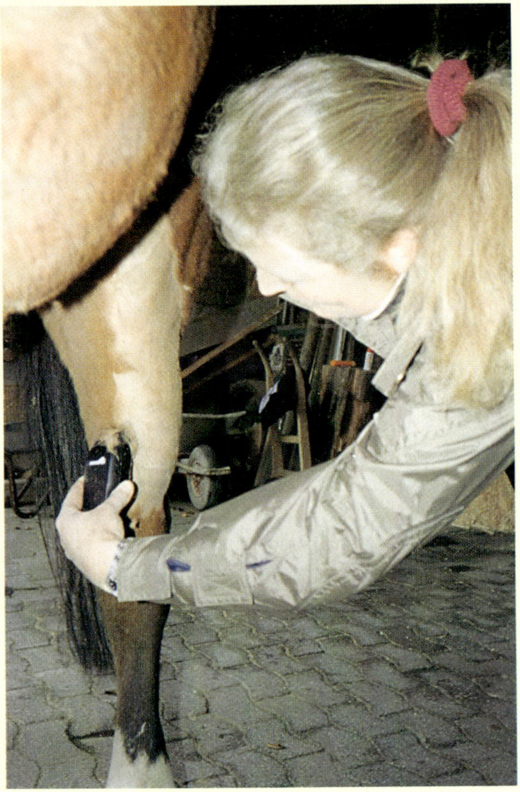

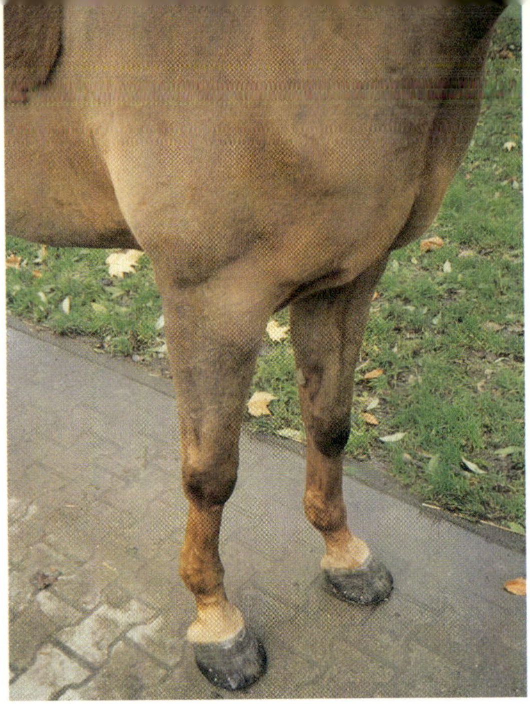

Hier ist nur der „Sattel“ stehen geblieben – sogar die Beine wurden komplett geschoren.

Stoffwechselanregend!

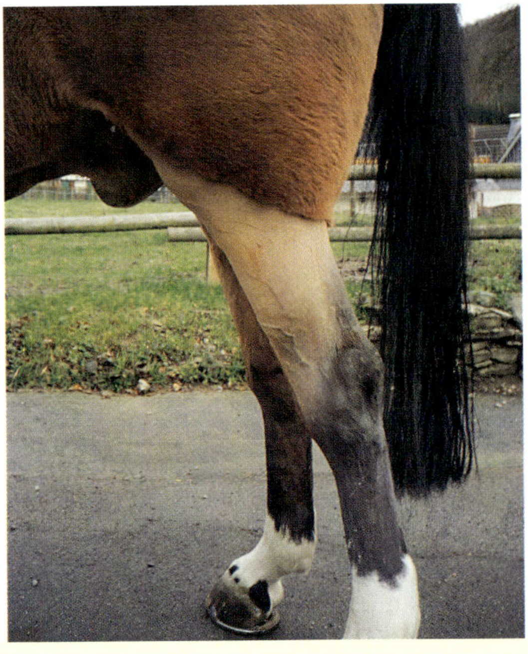

Logisch dürfte sein, dass geschorene Pferde eingedeckt gehören. Direkt nach der Arbeit gehören sie in eine Abschwitzdecke gepackt. Im Stall sollten sie unter einer entsprechenden Decke guter Qualität stehen, damit nachwachsendes Haar und Deckenunterseite nicht offensichtlich im Klinsch miteinander liegen. Vor der Arbeit oder bei Ausflügen ins Freie tut eine Nierendecke gute Dienste.

Apropos nachwachsende Haare: **einmal Scheren pro Winter reicht natürlich nicht**. Einmal monatlich muss mindestens nachgearbeitet werden, wenn der Wuchs nicht noch einen engeren Rhythmus vorgibt. Dann geht das Ganze wieder von vorn los ... bis das Frühjahr so richtig da ist!

Scher-Frisuren

Vollschur

Das geputzte Fell wird gegen den Strich geschoren. Durch die Wirbel im Haarkleid ergeben sich unterschiedliche Arbeitsrichtungen (siehe Pfeile).

Merke

Geschorene Pferde gehören eingedeckt!

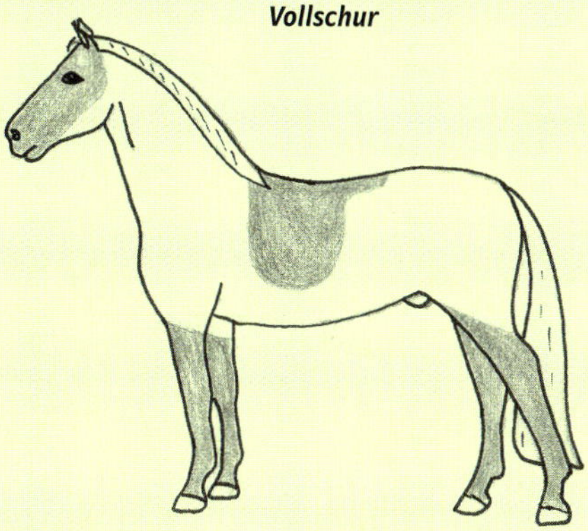

Jagdschnitt

Streifenschnitt

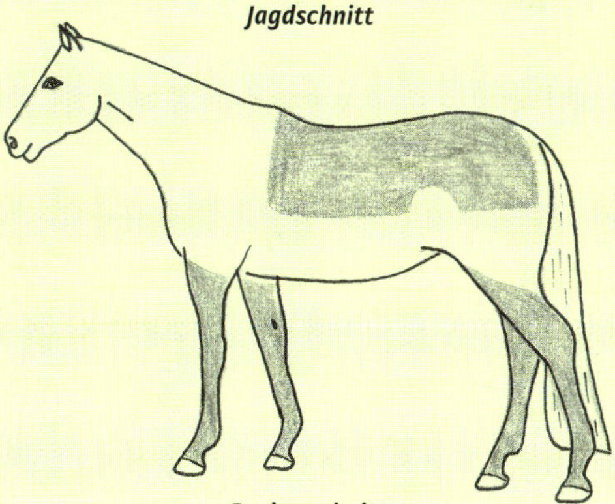

Deckenschnitt

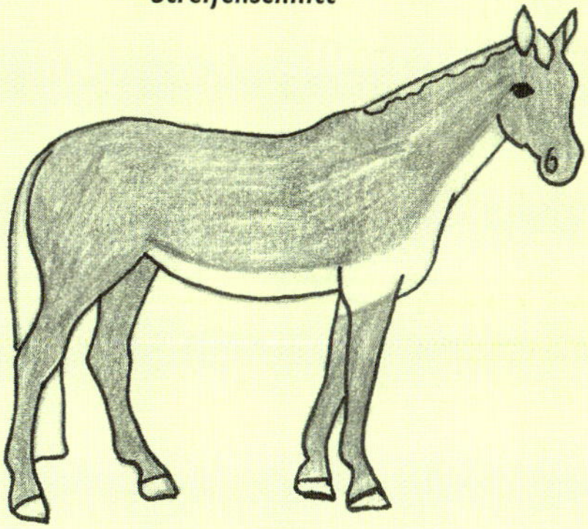

Tiefer Streifenschnitt

Scher-Tattoos

Unser Tipp:

Machen Sie sich doch von den folgenden Vorschlägen eine Kopie/Pappschablone & zaubern Sie durch „Stehenlassen" der entsprechenden Haarpartie Ihr ganz persönliches Merkmal bzw. „Aktenzeichen" zum Brandzeichen.

Herztattoo

Pferdetattoo

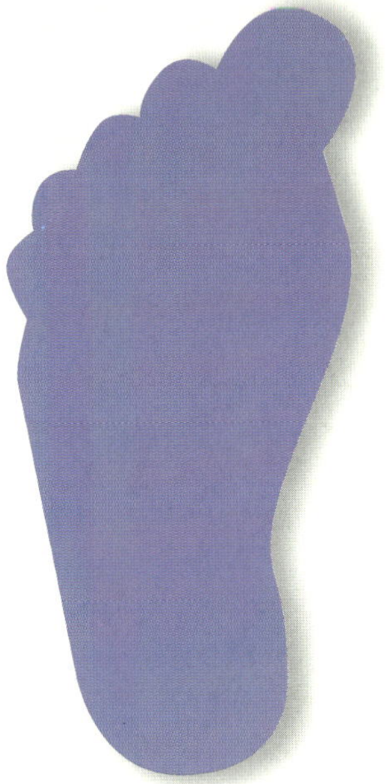

Fußtattoo

Buchstabentattoo

PS: ... und wer im Sommer nicht auf die persönliche Note/ein Muster verzichten möchte, der kauft sich eine ca. DIN A4 große handelsübliche Schablone, macht die Pferdekruppe nass und bürstet ein Schachbrett oder Karomuster oder den Sponsor oder oder ins Fell – viel Spaß ...

Scher-Memory

Sicherheits- & andere Aspekte zusammengefasst

- Scheren Sie am besten an einem dafür vorgesehenen Platz im Freien.
- Nutzen Sie das Tageslicht für gewünschte Ergebnisse.
- „Zeichnen“ Sie die Frisur mit Kreide vor.
- Wenn es nass ist, dürfen Sie nicht draußen arbeiten, verlegen Sie dann Ihre Aktivitäten nach drinnen – Vier-& Zweibeiner müssen beim Scheren im Trockenen stehen! Sind Sie gezwungen in der Box zu arbeiten, entfernen Sie die Einstreu so, dass Sie während des Scherens nicht stört und später wieder gebraucht werden kann.
- Tragen Sie – wenn Sie mit einem am Netz hängenden Gerät arbeiten – grundsätzlich festes Schuhwerk mit Gummisohlen! Sandalen o.ä. sind tabu – immer!!!
- Apropos Kleidung: Ein Overall ist sehr nützlich, damit einem die üppige/übrige Haarpracht nicht überall hineinkrabbelt. Auf alle Fälle sollten Sie jedoch glatte Textilien und nicht etwa Strickpullover tragen.
- Legen Sie sich alles zurecht, damit Sie – einmal angefangen – zügig durcharbeiten können.
- Der Abfall gehört nicht etwa auf den Mist, sondern z.B. in den Biomüll.
- Gerade, wenn Sie u./o. Ihre Pferde noch nicht über eine große Routine verfügen, sollten Sie mit einem umsichtigen Helfer arbeiten.
- Der Helfer kann das Pferd nötigenfalls beruhigen oder die Vorderbeine nach vorn Anheben, während die Ellbogen vorsichtig vom Winterpelz befreit werden.
- Der Helfer kann das Pferd auch ablenken, wenn an „kritischen Stellen“ gearbeitet wird oder ein Vorderbein – wie beim Hufe auskratzen – hochhalten, wenn das gleichseitige Hinterbein an Außen- & Innenseite geschoren wird.
- Darüber hinaus kann er mit einer Hand eine Scheuklappe bilden, damit der Blickwinkel des Pferdes ein kleinerer wird, oder den Kopf sichern, wenn dieser (mit Halfter um den Hals) ebenfalls geschoren wird.
- Bemühen Sie sich immer genau so viel zu bearbeiten, wie die Maschine an Haaren „packt“! Hat & macht das Pferd keine schlechten Erfahrungen, ist und bleibt in Punkto Scheren alles gut!

Tipp

Wer seinen Vierbeiner nach der (Scher-) Arbeit entsprechend verwöhnt, kann eigentlich davon ausgehen, dass das Ross bei der nächsten Scheraktion nicht mit Ablehnung reagiert!

Das Mini-Lexikon

Wissenswertes für den/die Pferdeliebhaber(in) – nicht nur Pflege und Präsentation betreffend! In Verbindung mit den übrigen Ratgeber-Mini-Lexika übrigens ein tolles Nachschlagewerk.

- A -

▸ **Abzeichen**
Finden sich am Kopf (z. B. Flocke, Stern, Keilstern, Blesse, Laterne oder Schnippe) und an den Gliedmaßen (z. B. weißer Vorderballen, weiße Krone, weiße Fessel) des Pferdes und dienen der Beschreibung/Identifikation des Tieres.

▸ **Achal Tekkiner**
Dem engl. Vollblut ähnliches Leistungspferd – bis zum vorigen Jahrhundert nur in den Steppengebieten der Turkmenen (Südrussland) beheimatet. Seidiges Langhaar und bräunliches, fuchsfarbenes oder graues Deckhaar mit glänzendem Metallton kennzeichnen diese hoch im Blut stehenden Renn- und Sportpferde.

▸ **Aegidienberger**
Freizeit„pferd“, meistens 140 bis 150 cm groß & daher auch für Erwachsene geeignet. Ende der 1970er Jahre züchtete Walter Feldmann jr. aus Isländern & Paso Peruanos diese Naturtölter, die die hervorragenden Eigenschaften beider Rassen miteinander vereinen.

▸ **Akne**
Nicht nur bei Teenagern auftretende eitrige Entzündung der Haarbälge und Talgdrüsen, begünstigt wird die Entstehung durch das Eindringen von Eitererregern, z. B. bei starker Schweißbildung oder mangelnder Hautpflege bis hin zu Druckstellen.

▸ **Albinos**
Pferde mit weißlichem, farbstofffreiem Deckhaar und fehlendem Hautfarbstoff.

▸ **Araber**
Obwohl weder Sportpferd in den klassischen Disziplinen noch aus Europa stammend, handelt es sich bei dem Araber um den Inbegriff des schönen, ausdauernden Pferdes. Von Nordafrika aus trat diese Rasse ihren weltweiten Siegeszug an.

▸ **Ardenner**
Mittelschweres französisch/belgisches Kaltblut. Braune, Schimmel oder Füchse, zwischen 155 & 160 cm groß und um 800 bis 1000 kg schwer.

▸ **Arthrose**
Auf mangelhafte „Ernährung“ der Knorpelzellen und zusätzliche mechanische Beanspruchung zurückzuführende Erkrankung z. B. der Zehengelenke (=Schale) oder des Sprunggelenks (=Spat).

▸ **Ausdrucksverhalten**
Pferde machen mit ihrem Körper, ihrem Gesichtsausdruck ihr (Un-) Behagen im Zusammenhang mit gewissen Artgenossen/Aktionen sehr deutlich. Der Mensch sollte die Signale verstehen lernen um z. B. Unfälle zu vermeiden.

Wenn alles stimmt, kann „man“ sich beruhigt tief in die Augen sehen.

- B -

▸ **Bandagen**

Ca. 8–10 cm breite und 2,5 bis 3 m lange elastische Binde, die mit und ohne Unterlage um den unteren Teil der Pferdebeine gewickelt wird, um diese zu schützen und zu stützen.

Wer beim Bandagieren nach der ersten Runde einen „Zipfel" umschlägt, vermeidet Verrutschen. Dann wird gleichmäßig ca. fingerbreit nach unten und wieder rauf gearbeitet und das Ende angeklettet.

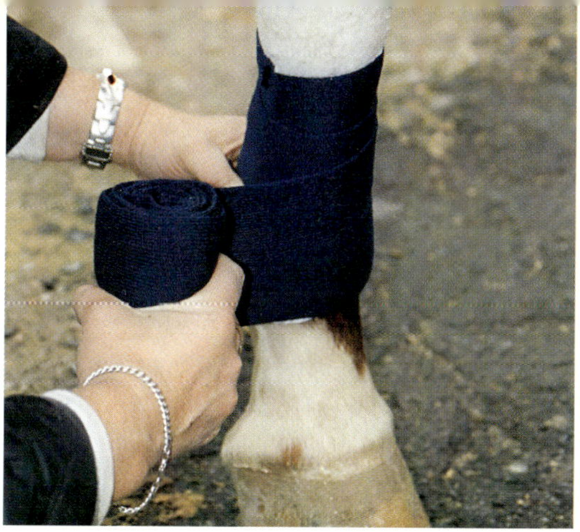

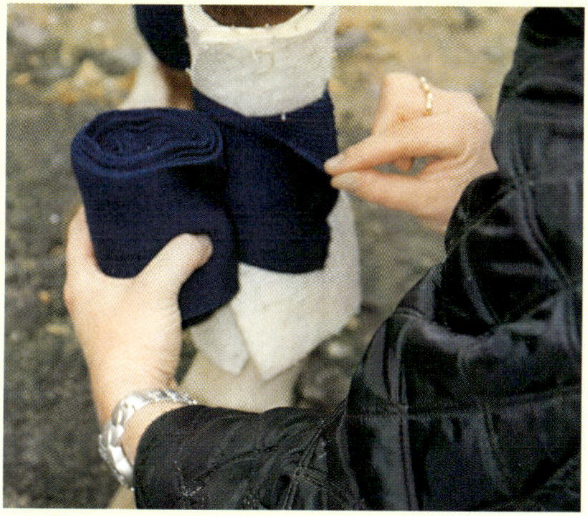

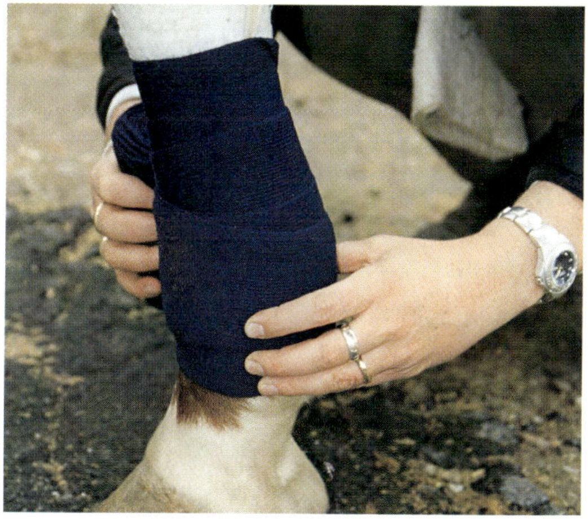

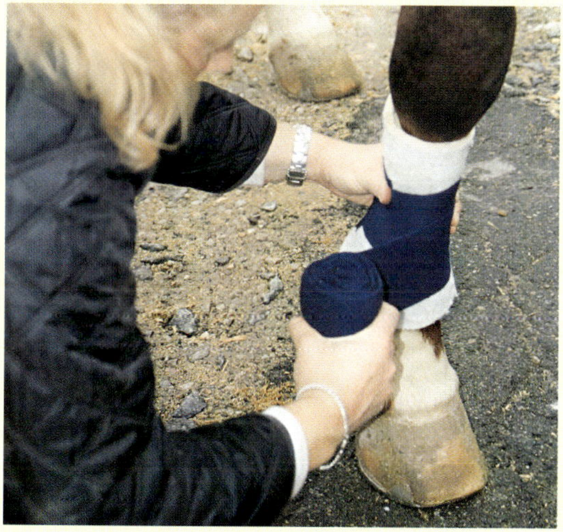

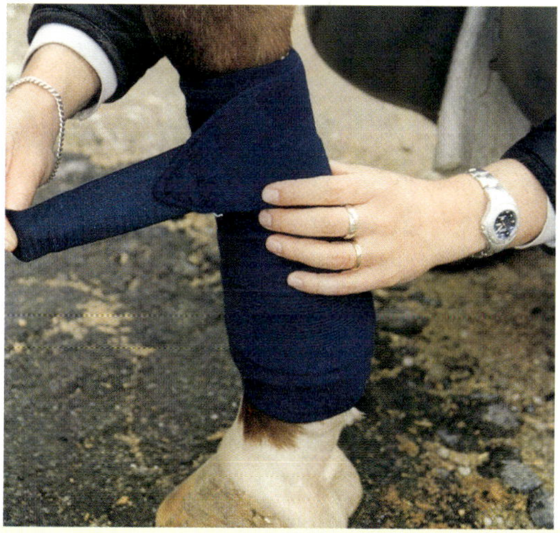

▸ **Barockpferde**
Der Barock war eine der Blütezeiten in der Geschichte des Pferdes. Barockpferde sind Kutsch- und Reitpferde mit Talent und Ausstrahlung für die Hohe Schule. Berühmte Vertreter sind die Friesen, Lipizzaner, Kladruber, Knabstrupper und Lusitanos.

▸ **Bereiter**
Ausbildungsberuf. 3-jährige Lehrzeit in anerkanntem Lehrbetrieb; z. B. Vorstufe zum Berufsreitlehrer (FN).

▸ **Berührungsempfindlichkeit**
Sie ist je nach Pferdekörperregion sehr unterschiedlich. Berührungsreize (z. B. durch Fliegen) lösen z. B. Hautreflexe („Zucken") aus, um die Plagegeister los zu werden.

▸ **Beschäler**
Hengst/Vatertier mit der „Lizenz zum Decken". Arbeitet ER in einem Landgestüt, wird er Landbeschäler genannt.

▸ **Box**
Einzelaufstallung/Einzelzimmer entlang einer Stallgasse (siehe Foto S. 4).

▸ **Brandzeichen**
Zuchtverbands- o. Nummernbrand. In den deutschen Landespferdezuchten auf den linken Hinterschenkel befindliches Brand-/ Identifikationsmal.

▸ **Brauner**
Pferde/Ponys mit (rötlich-) braunem Deck- und schwarzem Langhaar (Mähne/Schweif).

- C -

▸ **Camargue Pferd (Crin Blanc)**
Mittelgroße (135 – 150 cm) halbwild in so genannten Menaden (=Gruppen von 40–50 Tieren) im Rhonedelta (Frankreich) lebende, vornehmlich zum Rinderhüten eingesetzte Schimmel.

▸ **Charakter**
Das Verhalten des Pferdes dem Menschen oder anderen Pferden gegenüber. Teil des Interieurs (Wesen) des Pferdes, das dann auch das Verhalten des Tieres in ganz bestimmten Situationen einschließt. Foto siehe Seite 33.

- D -

▸ **Dämpfigkeit**
Die Krankheit, die beim Menschen (chronischer) Bronchialkatarrh genannt wird, bezeichnet man bei Pferden als Dämpfigkeit. Ungenügende Schonung nach einer Infektionskrankheit (Grippe) kann z. B. die Ursache sein. Trockener, tonloser Husten vor Arbeitsbeginn ist das erste Anzeichen. Später wird die Dampfrinne am Übergang zwischen Rippenbogen und Bauchmuskeln sichtbar, da die Pferde nur noch mit deren Hilfe ausatmen können. Die Leistungsfähigkeit eines solchen Pferdes ist herabgesetzt. Medikamente können nur anfänglich helfen, später maximal lindern.

▸ **Decke**
Zum Abschwitzen oder zum Schutz vor Insekten oder zu Transportzwecken oder witterungsbedingt eingesetztes Textil.

▸ **decken**
Begattung der Stute durch den Hengst.

▸ **Deckgeld**
Abgabe, die der Stutenbesitzer an den Hengsthalter für die Belegung seiner Stute zu entrichten hat.

▸ **Deckhaare**
... sind die Haare, die den Pferdekörper bedecken (& in Verbindung mit Schweif & Mähne die Fellfarbe/-be-

Winterliches Deckhaar („pur" & geschoren)

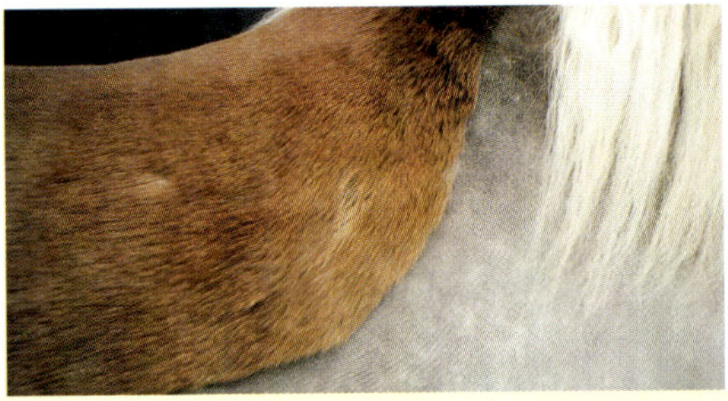

zeichnung ergeben). Im Winter ist das Deckhaar häufig so dicht und lang, dass es geschoren werden muss.

Distanzreiten

Pferdesportdisziplin, bei der eine vorgegebene Strecke an einem oder mehreren Tagen hintereinander zurück zulegen ist (siehe Ratgeber: Die Geländeabzeichen).

Doping

Zwecks Leistungssteigerung oder zur Beruhigung verabreichte (pharmakologisch wirksame) Substanzen bzw. Machenschaften.

Dressur

Pferdesport(turnier)disziplin/Gymnastizierung des Pferdes nach klassischen Methoden unter dem Sattel zur optimalen Ausbildung des Bewegungsapparates.

Druckstellen

Schwellungen, haarlose Stellen oder Druckempfindlichkeit können erste Anzeichen, weiße Haare die Folge von abgeheilten Druckstellen sein. Sie entstehen, wenn Pferde/Ponys nicht sorgfältig geputzt werden, die Satteldecke verklebt/dreckig ist, der Sattel/Gurt/das Geschirr falsch gepolstert ist oder nicht passt.

Dülmener (Wildpferd)

1316 erstmalig urkundlich erwähntes Wildpferd im Typ des englischen Heide- und Moorponys. Zu Hause sind die 125–135 cm großen halbwild gehaltenen Tiere im Meerfelder Bruch der Herzöge von Croy in der Nähe von Dülmen.

- *E* -

Einschuss

Wundinfektionen können – insbesondere an den Hinterbeinen – durch eine eitrige Entzündung der Unterhaut zu entstellenden, extremen Anschwellungen führen. Diese werden als Einschuss bezeichnet.

Einstreu

Stroh oder Holzspäne auf dem Boxengrund, die bequemes Liegen erlauben und Kot (täglich 10–20 kg) bzw. Urin (tgl. 5–10 l) vor der Entmistung aufnehmen.

Schnuppernd dem Charakter (u.v.a.m.) auf der Spur

Ektoparasiten

Z. B. Milben, Haarlinge oder Zecken, die die Pferde von außen angreifen und deren Wohlbefinden und Gesundheit mehr oder weniger stark beeinträchtigen.

- Milben(gattungen) (mikroskopisch klein, graben sich in die Haut und erzeugen extremen Juckreiz. Besonders „gern“ werden unterernährte oder kranke Tiere befallen).
- Haarlinge (In den Wintermonaten auftretender, mit bloßen Augen erkennbarer Befall, hauptsächlich Kopf, Hals und Kruppe, ohnehin kränkelnder, unterernährter Tiere).
- Zecken (Blutsauger, die nach dem „Andocken“ erst voll gefüllt von allein abfallen. Hautschädigung und Blutverlust sind unbedeutend. Zecken können jedoch Infektionskrankheiten übertragen.

Ekzem

Entzündung der oberflächlichen Hautschicht. Begleiterscheinungen sind Juckreiz und Haarausfall.

Schweiß, Schmutz, Scheuern, intensive Sonnenbestrahlung, Wundsekret, Hautparasiten oder Stoffwechselstörungen und und und können – neben anderem – Ursache dieser Beeinträchtigung sein.

Das nässende Ekzem in der Fesselbeuge bezeichnet man als Mauke.

Endoparasiten

Würmer & Dasseln, die die Gesundheit des Pferdes nach der Ansteckung/der Aufnahme über das Futter von innen bedrohen, z. B.

- Zwergfadenwurm (Lungenentzündung, Kolik, Durchfall)
- Kleiner Blutwurm (Appetitlosigkeit, Abmagerung, Kolik, Geschwüre, Schädigung der Dickdarmschleimhaut)
- Großer Blutwurm (Appetitlosigkeit, Kolik, Fieber, Blutgefäßschädigungen, Lähmung der Hinterhand)
- Spulwurm (Abmagerung, stumpfes Deckhaar, Darmprobleme & Durchfall, Atemprobleme & Lungenblutungen)
- Magendassel (Appetitlosigkeit, Entzündungen der Mundschleimhaut, Geschwüre & Durchbrüche)

Euter

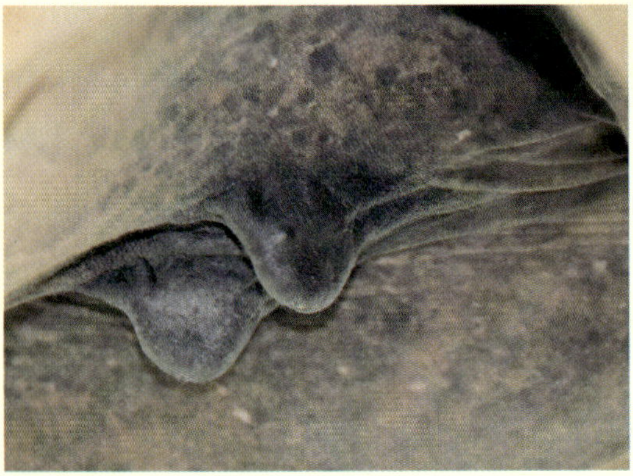

Equidenpass

„Personalausweis" von Pferden/Ponys/Eseln, in dem unter anderem auch alle Abzeichen und Haarwirbel des Tieres und auch seine Impfungen aufgeführt sind.

Exterieur

Die äußeren Merkmale eines Pferdes.

- F -

Fahren

Pferdesport(turnier)disziplin, bei der ein oder mehrere Pferde/Ponys spezielle Wagen (Kutschen) auf einem Platz oder im Gelände zu ziehen haben.

Harmonie auf 4 Beinen und 4 Rädern

▸ **Familienanschluss**

▸ **Fischauge**

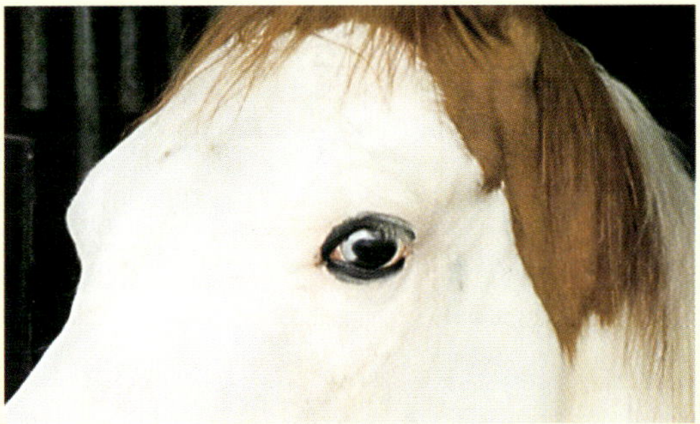

▸ **Fjordpferd**
Die Falben aus Nordeuropa sind bekannt für den Aalstrich (schwarzer Haarstreifen von der Mähne bis zum Schweif), die Stehmähne, ihr kompaktes Äußeres und enorme Arbeitsfreude, und das bei einem nur zwischen 1,35 m und 1,45 m liegenden Stockmaß. Foto siehe Seite 17.

▸ **Flanken**
(Teils kitzelige) Partie zwischen dem hinteren Rippenrand und der Kruppe (früher auch Weichen oder Leisten genannt).

▸ **Flehmen**
Intensivierung der Geruchsaufnahme durch Zusammenziehen/Nach-oben-Klappen der Oberlippe.

▸ **Fliegeneier**

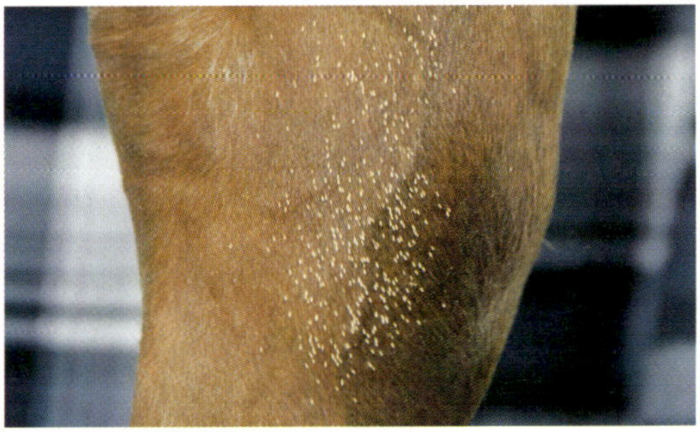

Putzen reicht nicht zur Entfernung von Fliegeneiern!

▸ **Fohlen**
Pferdebaby

▸ **Frakturen**
Knochenbrüche

▸ **Frisieren**
Stutzen von Mähne und Schweif bei Sportpferden.

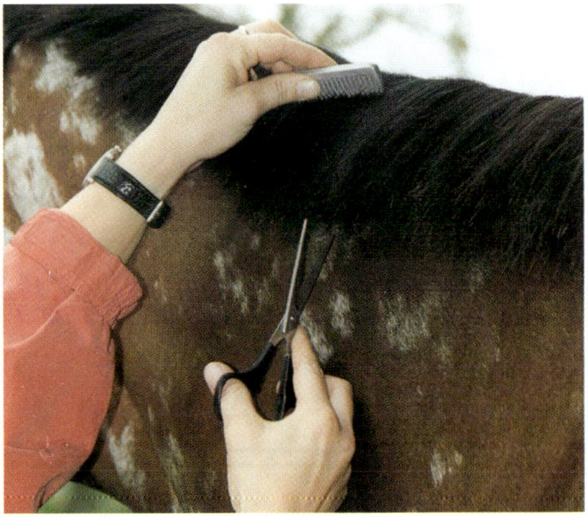

▸ **Fuchs**
Pferde/Ponys mit rötlich-braunem Deck- und Langhaar (welches auch heller sein kann, wie z. B. bei den Haflingern und Schwarzwälder Füchsen).

Eine praktische/saubere Sache: das Futtersilo (für's Kraftfutter).

▸ **Futtersilo**

- G -

▸ **Gallen**

Schmerzlose Anschwellungen (an den Gelenken der Beine) infolge von Flüssigkeitsansammlungen. Im Anfangsstadium manchmal „weg" zu massieren/bandagieren – in späteren Stadien max. zu operieren und wie bei dieser hochbetagten Stute (fast 30 Jahre) einfach nur zu akzeptieren.

Gallen können das Charisma eines Oldies nicht beeinträchtigen.

▸ **Galopp**

Grundgangart des Pferdes im Dreitakt.

▸ **Gamaschen**

Vorgeformter, stabiler Beinschutz.

▸ **Gangpferde**

Sammelbegriff für Pferde, die alternativ bzw. auch Tölt und Pass gehen können, wie z. B. Isländer, Aegidienberger, Paso Fino, Paso Peruano, Mangalarga Marchador.

▸ **Gebiss**

(Metall-)Mundstück, welches am Trensenzaum befestigt ist und in die Zügelenden eingeschnallt wird.

▸ **Gehörsinn**

Die Ohren des Pferdes sind geniale, flexible Schalltrichter. Pferde hören im Bereich von 20 bis 20.000 Hz und ihr Schnauben hat möglicherweise die Aufgaben Echowellen (zur verbesserten Umgebungswahrnehmung) zu erzeugen.

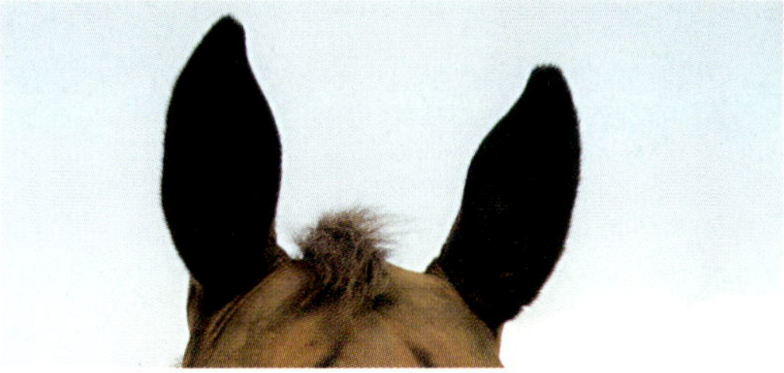

▸ **Geruchssinn**

Extrem gut entwickelte (wenig erforschte) Möglichkeit der Umgebungswahrnehmung/„Kontrollinstanz". Pferde können Artgenossen oder Menschen am Geruch identifizieren, sie annehmen oder ablehnen. Futterkontrolle erfolgt über Geruch & Geschmack, und rossige Stuten sind für Hengste ein Geruchsmagnet.

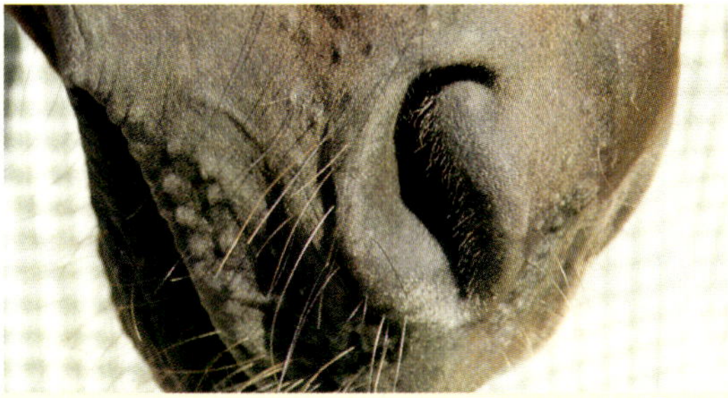

▸ **Geschmackssinn**

Der Geschmackssinn ist dem Geruchssinn logischerweise untergeordnet. Stinkendes Futter wird daher erst gar nicht probiert. Wie wir erkennen Pferde die Geschmacksqualitäten süß, sauer, bitter & salzig, wobei sie als Pflanzenfresser Letzteres bevorzugen.

Auf den Geschmack gekommen !

Erfolgreich im Dressursport: Haflingerdeckhengst

- H -

▸ **Haflinger** (s. Foto).

▸ **Halfter**

Gebissloses Kopfstück, welches das Pferd beim Putzen, Führen/Weidegang trägt.

▸ **Hengst**

Männliches, fortpflanzungsfähiges Pferd/Pony/Esel/Zebra.

▸ **Hoden**

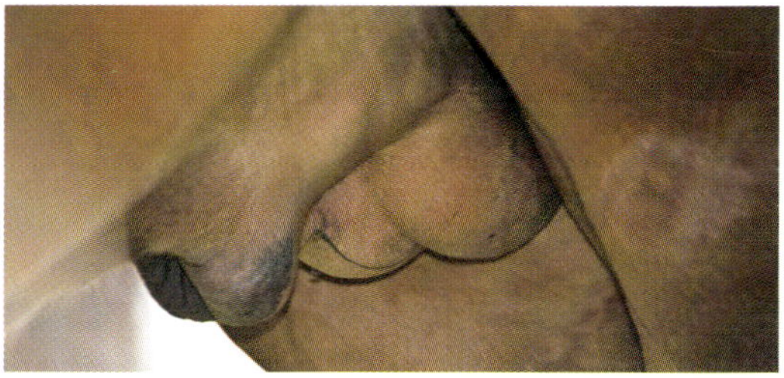

▸ **Horseball**

▸ **Huf**

Fuß des Pferdes, der gut gepflegt werden muss, da er die Last des Pferdes und des Reiters/der Voltigierer zu tragen hat.

▸ **Hufeisen**

Metallener Schutzbeschlag der Pferdehufe, der übermäßigen Abrieb auf hartem Geläuf verhindern soll oder auch Glückssymbol (aber nur, wenn nach oben offen angebracht).

- I -

▸ Immunität

Nach einer überstandenen Infektion kann der Körper eine Abwehrkraft entwickelt haben, die das Tier vor einer erneuten Krankheit schützt.

▸ Impfungen

Vorbeugende Schutzmaßnahme zur Abwehr von (gefährl.) Krankheiten wie z. B. Tetanus o. Influenza.

▸ Infektion

Das Eindringen von Krankheitserregern (Bakterien und Viren) in den Körper und ihre Vermehrung. Werden zahlreiche Tiere befallen, spricht man von einer Seuche.

▸ Influenza

Auch seuchenhafter Husten oder „Hoppegartener Husten" – Viruserkrankung, die auf der Schleimhaut der Atemwege eine Entzündung verursacht. Folgen: Fieber, Nasenausfluss, Husten! Zur Ausheilung unbedingt Ruhe gönnen!!! Schutzimpfung möglich/empfehlenswert/unumgänglich!

▸ Inkubationszeit

Vom Eindringen des Erregers bis zum Auftreten einer Infektionskrankheit (z. B. Influenza, Druse, Bornasche Krankheit, Rotz, Starrkampf=Tetanus) vergeht eine mehr oder minder lange Zeit.

▸ Interieur

„Innenleben"/Seele des Pferdes. Merkmale sind z. B. die Ausgeglichenheit, die Leistungsbereitschaft, der Mut, die Ausdauer, der Umgang mit/die Reaktion auf fordernde Reiter oder Anfänger/Kinder.

▸ Isabellen

Pferd mit gelblich-cremefarbenem Deckhaar und gleichfarbigem oder hellerem Langhaar.

▸ Isländer

Über 1000 Jahre rein auf den Island-Inseln gezogene Kleinpferderasse. Bekannt für ihre Trittsicherheit, Widerstandsfähigkeit & Flexibilität sowie Anfängerfreundlichkeit bzw. enormen „Sitzkomfort".

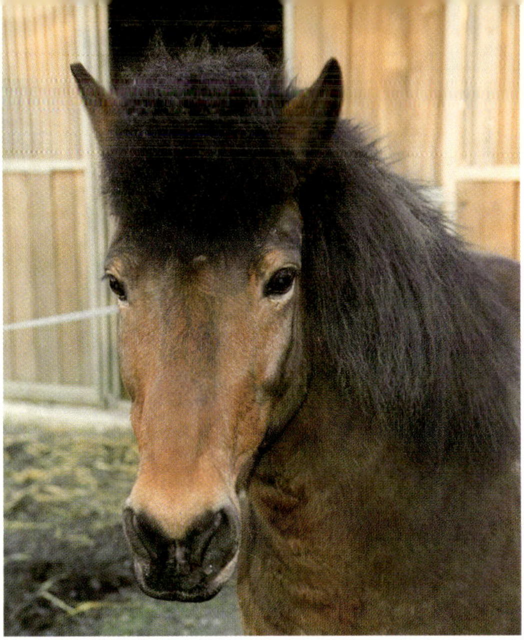

- J -

▸ Jährling

Ein Jahr alte heranwachsende Pferde.

Auf dem Weg zum täglichen Weideaufenthalt.

▸ Jagdreiten

Pferdesportdisziplin, bei der sehr häufig hinter einer (Hunde-)Meute herzureiten ist (siehe Ratgeber: Die Geländeabzeichen).

- K -

▸ Kaltblut

Temperamentsbezeichnung/Sammelbegriff für alle schweren Arbeitspferde/Zugpferde.

Kappzaum
Ein am Nasenriemen gut gepolsterter und darauf mit Ösen versehener Zaum.

Kastanie
Hornige Stelle an der Innenseite der Pferdebeine.

Knabstrupper
Vom Ursprung her zu den Barockpferden gehörend. Attraktiv gefärbte, im Typ stark variierende, um die 160 cm große, getigerte Pferde. Zuchtschwerpunkt ist die dänische Insel Seeland.

Kolik
Alle schmerzhaften Erscheinungen, die durch krankhafte Veränderungen im Magen und Darmkanal hervorgerufen werden. Achtung: unverzüglich Tierarzt benachrichtigen!!!

Koppel
Eingezäunte Weidefläche.

Kraftfutter
Energiefutter für's Pferd (z. B. Hafer, Gerste o. Mais).

Kruppe
Hinterer Teil des Pferderückens (direkt hinter dem Sattel gelegen).

- L -

Lahmen
Das Pferd/Pony lahmt, wenn es mit einem Bein vorsichtiger oder kaum auftritt bzw. hinkt.

Langhaar
Mähne und Schweif des Pferdes.

Laufstall
Gemeinsame Haltung einer (meist größeren) Pferdegruppe (z. B. Stuten & Fohlen in namhaften Gestüten) in einem großen Raum mit angeschlossenem Auslauf.

Lewitzer Schecke
In der ehemaligen DDR begann 1970 in der VEB Lewitz die Zucht dieser 130 cm bis 148 cm großen, attraktiven, lammfrommen Plattenschecken (Foto siehe oben).

Luftfeuchtigkeit
Die relative Luftfeuchtigkeit sollte im Stall zwischen 60 und 80 % betragen. Feuchte und zugleich warme Luft ist schädlich und daher zu vermeiden bzw. die Ursache abzustellen.

- M -

Mustern
Bezeichnung für die vorschriftsmäßige Vorführung eines Pferdes an der Hand. Zunächst Präsentation im Stand (evtl. unter Benennung von Name, Alter und Abstammung), dann Bewegungsbeurteilung im Schritt und Trab an der (rechten) Hand des Vorführenden.

- N -

Noriker
Neben Füchsen, Rappen & Braunen gibt es auch Tigerschecken und Mohrenkopf-Noriker. Die in Österreich beheimateten Kaltblüter zwischen 155 und 170 cm erfreuen sich zunehmender Beliebtheit als Freizeitpferde.

- O -

▸ Orlow-Traber

Zwischen 158 & 160 cm große, aus Russland stammende, elegante Pferde von energischem Temperament, mit schnellem Trab und guter Knieaktion. Sie waren maßgeblich an der Entstehung von Trabern in Westeuropa beteiligt.

- P -

▸ Parasiten

Man unterscheidet zwischen Haut- und Darmparasiten. Dem Parasitenbefall hat auf alle Fälle die Parasitenbekämpfung zu folgen, denn Juckreiz, offene Hautstellen oder Wurmbefall sind nicht nur unangenehm, sondern gefährlich.

▸ Paso Peruano

Kleines, ausdrucksvolles, rittiges und trittsicheres, aus Peru stammendes Gangpferd zwischen 140 und 152 cm Stockmaß. In der Dominikanischen Republik, in Puerto Rico und Kolumbien wird der nahe Verwandte – der Paso Fino – gezogen.

▸ PAT-Werte

Richtwerte für Puls, Atmung und Temperatur von Pferden und Fohlen im Ruhezustand und bei großer Anstrengung.

▸ Percheron

Hochadel unter Frankreichs Kaltblütern. Schimmel & Rappen zwischen 160 und 170 cm, meist mehr als 800 kg schwer.

▸ Pferdegrippe

Hier ist ein Virus schuld an der akuten Erkrankung des Atmungsapparates. Neben Ausfluss aus der Nase, Husten & Fieber – welche schulmedizinisch u./o. homöopathisch behandelt werden müssen – ist auf eine (absolut) staubfreie Umgebung zu achten, um weitere Reizungen der Schleimhäute möglichst zu vermeiden. Für Turnierpferde besteht Impfpflicht, aber auch Besitzer von „Freizeitpferden" sollten Grundimmunisierung & Auffrischungsimpfung(en) ernst nehmen & stallübliche Rhythmen wahren.

▸ Pferdeherpes

Eine virusbedingte Herpeserkrankung ist bei Pferden sehr ernsthaft, manchmal sogar tödlich. Neben Bläschenausschlag an den Geschlechtsorganen, Erkrankungen der Atemwege mit hohem Fieber & Nasenausfluss, Lähmungen oder gar Virusabort(en) bedingt die Infizierung teils Monate überdauernde negative Beeinträchtigungen der Leistungsfähigkeit. Auch hier kann/sollte eine Schutzimpfung greifen.

▸ Pferdepflege

Maßnahmen zur Reinigung, Massage und Gesunderhaltung des Pferdes/Ponys.

▸ Pferdephysiotherapeut(in)

Ausbildungsberuf. Die Krankengymnastik gehört zum medizinischen Fachgebiet der physikalischen Therapie u. wird auch in vielen Bereichen der (Tier-) medizin – in Absprache mit dem Tierarzt – eingesetzt.

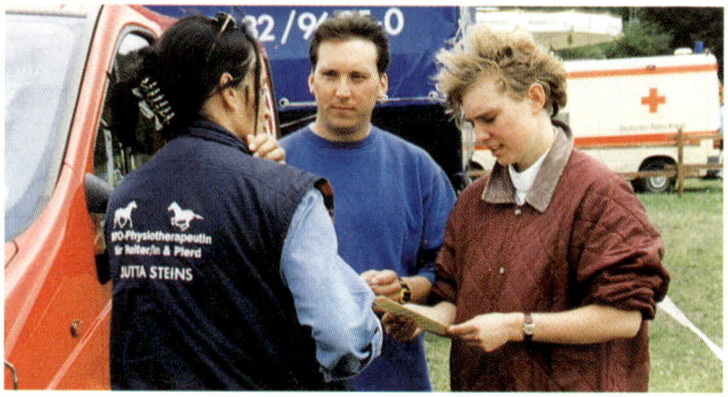

Fachsimpeln am Rande des Turnierplatzes

▸ Pilzerkrankung

In der Regel ansteckende – auch auf andere Tierarten oder den Menschen übertragbare – Krankheit. Die Ansteckung selbst erfolgt durch Berührung oder Übertragung mit dem Putzzeug oder sogar der Einstreu. Die fadenförmig mikroskopisch kleinen Pilze wuchern auf der Haut, in den Haarbälgen und in den Haaren selbst und führen zu Hautveränderungen, wie z. B. runden, haarlosen Flecken mit abgebrochenen Haaren in deren unmittelbarer Umgebung, oder auch Knötchen- und Bläschenbildung, und das alles sowohl mit als auch ohne Juckreiz.

▸ **Polo**

Besonders in England, Indien, Australien und Neuseeland beliebter Mannschaftspferdesport, bei dem die Spieler versuchen durch Umspielen der Gegner Tore mit einem unten verbreiterten Holzstab samt Ball zu erzielen.

▸ **Ponys**

Sind keine bestimmte Rasse, sondern kleine Pferde bis max. 1,47 m Stockmaß.

▸ **PS**

Von Johannes Watt (Erfinder der Dampfmaschine) eingeführte Abkürzung für Pferdestärke.

▸ **Putzkasten/- koffer**

Aufbewahrungskiste für alle Utensilien zur Pferdepflege. Jedes Pferd/Pony sollte aus hygienischen Gründen seinen eigenen Putzkasten haben.

▸ **Putzzeug**

Materialien/Bürsten zur Körperpflege des Pferdes.

... lang der Strich und kurz die Pause ...

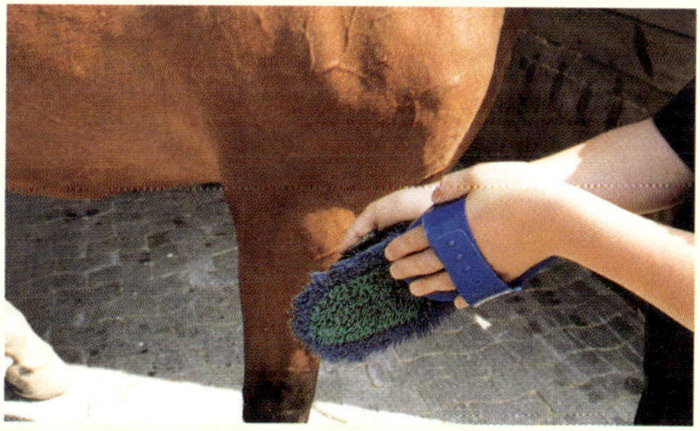

- Q -

▸ **Quaddelausschlag**

z. B. bei Infektionskrankheiten, Koliken, Allergien oder starken Erregungszuständen auftretende (harmlose) Krankheit, bei der rasch erscheinende und schnell wieder abklingende partielle Anschwellungen der Haut – teils über den ganzen Körper verteilt – zu beobachten sind.

- R -

▸ **Rappe**

Pferd mit schwarzem Deck- und Langhaar.

▸ **Raufutter**

Neben Kraft-& Saftfutter wichtigste Futterart (z. B. Heu, Stroh oder Anwelksilage).

▸ **Rehe**

Ausgedehnte, nicht eitrige Entzündung der Huflederhaut (meist noch verbunden mit einer Hufbeinabsenkung), jedoch sehr schmerzhaft.

Typisch für Rehehufe: „das Ringemuster“

▸ **Rosse**

Brunftperiode der Stute. Zeit, in der die Stute tragend werden kann. Sie ist bei Pferden keineswegs nur auf das Frühjahr beschränkt, sondern periodisch ganzjährig. Die Stuten werden jedoch mit Rücksicht auf den geplanten Nachwuchs unter menschlicher Kontrolle fast ausschließlich im Frühjahr belegt.

- S -

▸ **Saftfutter**

(Gras, Möhren, Rüben, ...) ist die bedeutendste Futtergruppe neben Kraft-& Raufutter.

Sattelkammer
Abgeschlossener, temperierter Aufbewahrungsort der Ausrüstungsgegenstände (z. B. Zaumzeuge, Sättel, Gurte, Geschirre, Decken, Pflegeprodukte, ...).

Sattler(in)
Ausbildungsberuf: Entwicklung, Fertigung & Instandsetzung von Ausrüstungsgegenständen für Reit-, Zug- und Lasttiere durch kreative Handwerker/innen.

Sattlerin mit typischen Arbeitsgeräten

Schecke
Pferde/Ponys mit großen „Farbklecksen“ (s. S. 39).

Schimmel
Sammelbegriff für weiße Pferde.

Schlundverstopfungen
Sie entstehen z. B. durch „Steckenbleiben“ von Futter (Rübenstücke oder Äpfel) in der Speiseröhre oder leider immer noch durch Verfütterung nicht gequollener Rübenschnitzel oder zu hastig aufgenommene und verschluckte Pellets.

Schmerzempfindlichkeit
Sie ist nicht vergleichbar mit der des Zweibeiners, aber sehr wohl vorhanden. Sowohl Haut wie Hufe reagieren – je nach Reizstärke, so können z. B. auch Pferde und Ponys einen Sonnenbrand bekommen.

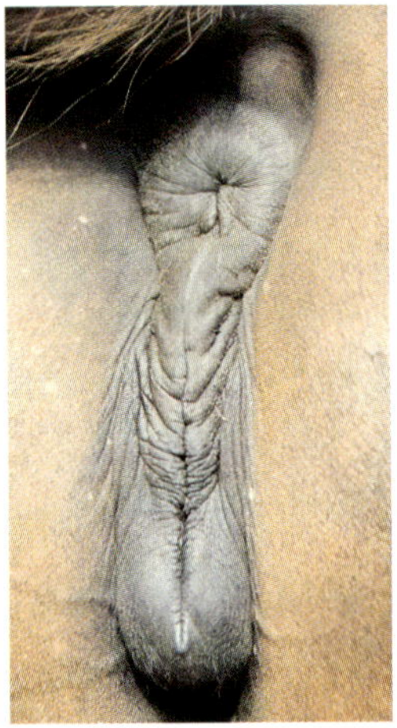

Schnauben
Geräuschvoller Luftausstoß aus den Nüstern / Imponiergehabe von Deckhengsten und auch Leitstuten (-tieren).

Schritt
Grundgangart des Pferdes im Viertakt.

Scheide (s. Foto)

Selbsttränke
Vorrichtung, die es den Pferden erlaubt, in „Selbstbedienung“ Wasser zu trinken (s. Foto).

Shetlandpony
Bis zu 110 cm groß werdende Power-Pakete mit eigenem Kopf – nicht immer etwas für Kinder.

Solarium
„Künstliche, höhenverstellbare Sonne“ z. B. über einem Ständer, zur Entspannung der Muskulatur vor der Arbeit und zum schnelleren Trocknen des Fells nach der Arbeit / einer Wäsche.

Springen
Pferdesport(turnier)disziplin, wobei einzelne oder auch eine ganze Anzahl von Hindernissen (Parcours) von Pferd & Reiter zu überwinden sind.

Staub-/Schlammbad
Dient der Abwehr von lästigen Insekten/Parasiten.

▸ Stierkampf vom Pferd aus

Portugiesische Variante, die mit der entsprechenden Attrappe in ganz Europa gern gesehen ist.

▸ Stute

Weibliches Pferd, Pony, Esel, Zebra.

- T -

▸ Takt

Jede Gangart hat ihren Takt, der arbeits-/ altersunabhängig immer klar erkennbar sein sollte.

▸ Tastsinn

Bei Pferden/Ponys besonders ausgeprägte Fähigkeit der Umgebungswahrnehmung – besonders sensibel im Ober- und Unterlippenbereich. Das Beißen auf oder Verschlucken von Fremdkörpern (z. B. Steinchen oder Drahtstücke zwischen Möhren oder im Heu) ist daher auch sehr selten (Tasthaare s. S. 36).

▸ Tetanus

bzw. Wundstarrkrampf. Eine durch ein Bakterium hervorgerufene Verkrampfung bzw. Lähmung der Muskulatur, die schnell fortschreitet und oft tödlich verläuft! Eine entsprechende Schutzimpfung sollte daher selbstverständlich sein, denn die Erreger lauern unter Umständen jahrelang unbehelligt im Boden, bevor sie über eine Wunde in das Tier (oder den Menschen) eindringen und kaum bis gar nicht zu stoppen sind.

▸ Tierhalterhaftpflichtversicherung

Eigentlich ein MUSS für jeden Pferdehalter – eine Risikoabsicherung, die nichts verhindert, aber sehr beruhigt.

▸ Tollwut

...gehört laut Gesetz zu den anzeigepflichtigen Krankheiten. Der Amtstierarzt kann im Verdachtsfall Quarantäne oder gar Tötung anordnen. Die Krankheit konnte zwar zurückgedrängt werden, da die Ansteckung typischerweise über den Biss eines mit Tollwut erkrankten Tieres (z. B. Hunde, Katzen, Füchse) erfolgte, die heutzutage ebenfalls schutzgeimpft sind. Es sollte jedoch niemand auf den Impfschutz der anderen setzen um sein Pferd vor Schluckbeschwerden, Bewegungsstörungen, Gereiztheit, Lähmungserscheinungen und erhöhtem Speichelfluss oder gar noch Schlimmerem zu bewahren.

▸ Tölt

Neben Schritt, Trab und Galopp eine weitere Grundgangart im deutlichen Viertakt, sozusagen ein „gebrochener Pass", bei der die Beine der gleichen Seite nicht gleichzeitig, sondern kurz hintereinander aufsetzen.

▸ Trab

Grundgangart des Pferdes im Zweitakt (die diagonalen Beinpaare fußen gleichzeitig).

▸ Trakehner

Edle, hoch im Blut stehende Rösser mit Tradition. Bereits im Jahre 1732 wurde das Hauptgestüt Trakehnen von Friedrich Wilhelm I gegründet.

▸ Trense

Kopfstück des Pferdes bei Training und Wettkampf.

- U -

▸ Ungehorsam

Das Pferd/Pony widersetzt sich den Kommandos/Hilfen seines Führers/Reiters/Fahrers.

- V -

▸ **Vitamine**

Lebensnotwendige fett- oder wasserlösliche Nahrungsbestandteile, die an zahlreichen Stoffwechselabläufen im Körper beteiligt sind.

▸ **Voltigieren**

Pferdesport(turnier)disziplin, bei der einzeln oder mannschaftsweise in unterschiedlichen Gangarten auf einem an der Longe geführten Pferd geturnt wird. (siehe KOSMOS-Ratgeber: Voltigieren in der Praxis).

- W -

▸ **Wallach**

Männliches, nicht mehr fortpflanzungsfähiges (kastriertes) Pferd.

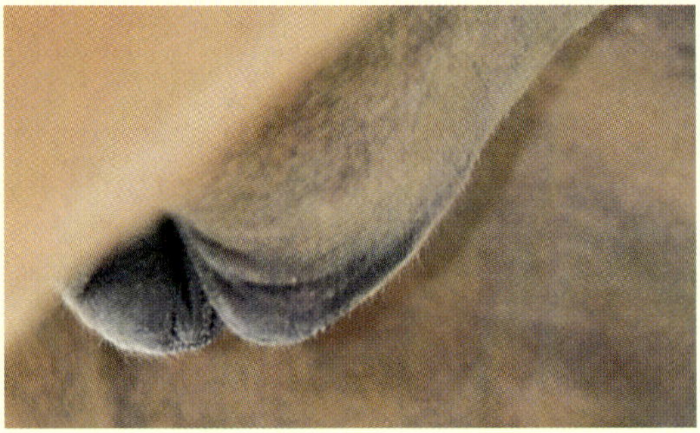

Zum Vergleich s. Hoden des Hengstes auf S. 37

▸ **Wanderreiten**

S. KOSMOS-Ratgeber: Geländeabzeichen in der Praxis.

▸ **Warmblut**

Temperamentbezogene Einteilung. Im Bundesgebiet gehören alle „edleren“ Reit-, Voltigier- und Wagenpferde zu den Warmblütern.

▸ **Warzen**

Die so bezeichneten verhornten, geschwulstartigen Wucherungen der oberflächlichen Hautschichten können einzeln oder flächig über den ganzen Pferdekörper auftreten. Eine Behandlung/Operation ist dann dringend erforderlich und nötigenfalls auch zu wiederholen, wenn befallene Stellen ausgerechnet direkt unter den Ausrüstungsgegenständen oder an den Sinnesorganen liegen. Die durch einen Virus hervorgerufenen, spitzgeformten Weidewarzen können ganze Bestände auf einer Weide am Kopf, dem Schlauch oder den Schenkelinnenseiten „befallen“ und teils ohne Behandlung wieder verschwinden. Tierärztlicher Rat schützt vor Verwechslungen und Irrtümern.

▸ **Waschbox /-platz**

Nicht nur im Innenbereich, sondern auch am Rande eines Turnierplatzes eingerichtete „Nasszelle“.

▸ **Weben**

Verhaltensstörung von (Stall-)Pferden. Ein Pferd webt, wenn es sein Gewicht ununterbrochen von dem einen Vorderbein auf das andere verlagert und dabei mit der Kopf-Hals-Partie hin und her pendelt.

▸ **Weidegang**

Ist für alle Pferde/Ponys gesund und wichtig, da es die gelungenste Kombination aus Futteraufnahme, Bewegung und Beschäftigung darstellt. Untugenden haben bei ausreichendem Weidegang selten eine Chance.

▸ **Welsh**

Der Welsh hat eine bes. edle Ausstrahlung mit einem kleinen Kopf, leichtem Hechtprofil, großen, lebhaften Augen und kleinen spitzen Ohren. Er ist ein populäres

Reitpony für Kinder in den Sektionen A (Stockmaß bis 1,22 m), B & C (Stockmaß ca. 1,34 m) und D (Stockmaß über 1,37 m), wozu auch der Welsh Cob (entstanden aus Kreuzungen mit größeren Pferden) gehört.

▸ **Westernreiten**
Reitweise der Cowboys Nordamerikas. Heutzutage auch Turniersport – mit entsprechenden Wettbewerben – in Europa.

▸ **Widerrist**
Knöcherner, haut- und fellbedeckter Übergang vom Pferdehals zum Pferderücken. Am Widerrist werden Pferde/Ponys gemessen.

▸ **Wiehern**
Lautäußerung des Pferdes.

▸ **Woilach**
Aus der militärischen Reiterei stammender Ausdruck für eine sechs- oder neunfach zusammengelegte Satteldecke, bei der die „offenen Seiten" nach links und rückwärts zu liegen kamen.

▸ **Wundstarrkrampf**
Eine der gefürchtetsten und für Pferd und Reiter gefährlichsten Wundinfektionskrankheiten. Nur die Tetanusschutzimpfung beugt einer Katastrophe vor.

▸ **Wurmkur**
Wurmbehandlungen sollten regelmäßig (im allgemeinen bis zu 4 Mal im Jahr) durchgeführt werden, um einen größtmöglichen Schutz vor Wurmbefall aufzubauen, denn gelangen die Larven der Würmer über den Blutkreislauf in die Lungen des Pferdes oder zersetzen sogar die Leber oder auch das Gehirn, muss das befallene Pferd getötet werden.

- Z -

▸ **Zähne**
Wie wir Menschen haben auch die Pferde zunächst ein Milchgebiss und dann bleibende Zähne. Auch bei ihnen kann es zu Karies, Zahnstein o.ä. kommen, daher Vorsicht in puncto Zucker.

▸ **Zehenenge Stellung**
Einwärts gerichtete Zehen/Hufe (Fehlstellung).

▸ **Zehenweite Stellung**
Auswärts gerichtete Zehen/Hufe (Fehlstellung).

▸ **Zelter**
Das Reise- bzw. Damenpferd im Mittelalter. Durch die „im gebrochenen Pass" nacheinander aufgesetzten Beine kann sich der Reiter/die Reiterin in fast stoßfreiem Gleichgewicht – auch im Damensattel – bequem und gut halten. Durch eine Lautverschiebung wurde aus „zelt" „telt" und schließlich „tölt". In anderen Ländern bekannt unter Rack, Trippel, Paso, Marcha, Ambladura, Kathiawar oder Ah-tha-cha.

▸ **Zöpfchen**

▸ **Zucht**
Mittels gezielter Anpaarung/Zusammenführung von Erbanlagen angestrebte optimale „Produktion" von Nachkommenschaft.

▸ **Züchter**
Personen, die sich professionell mit der „optimalen" Bedeckung/Anpaarung von Stuten und Hengsten beschäftigen und teilweise auch von Aufzucht und Verkauf leben.

Service

Zum Weiterlesen

Gast, U./Gast, C.: Basispass Pferdekunde; FN Verlag Warendorf 2001

Gast, U./Gast, C.: Kleines Hufeisen: FN Verlag Warendorf 2001

Gast, U./Gast, C.: Sattelfest?! FN Verlag Warendorf 2000

Gast, U./Gast, C.: Reiten lehren lernen; FN Verlag Warendorf 1999

Richtlinien für Reiten & Fahren Bd.4 Haltung, Fütterung, Gesundheit und Zucht; FN Verlag Warendorf 1997

Wloko,K./Ross,T.: Das 1 x 1 für Pferdefans; Coppenrath Verlag Münster 2001

Videos

Die Reitschule: Grundwissen für Reitanfänger; TV Produktion 27299 Langwedel - Völkersen

Bücher aus dem Kosmos Verlag

Bender, Ingolf: Praktische Pferdehaltung; Stuttgart 2002

Gohl, Christiane: Was der Stallmeister noch wusste; Stuttgart 2002

Gohl, Christiane: Pferdesachen selber machen; Stuttgart 2000

Gohl, Christiane: Pferdekunde; Stuttgart 1999

Hölzel, Petra: Basis-Pass Pferdekunde; Stuttgart 2000

... und wie steht es um Ihre/Deine Pferdebibliothek/-mediothek? Geniale Ergänzungsvorschläge finden sich auf Seite 48.

Internettipps und nützliche Adressen

WWWs für Pferde pflegen & perfekt präsentieren

www.vetpharm.unizh.ch/giftdb/pflanzen/Einstieg.htm
www.tiermedizin.de/fl.htm
www.horsewellness.de/inhalt/pflege1.htm
www.myhome24.info/member/auf_dem_ruecken_der_pferde/html/body_ernaehrung.html
www.myhome24.info/member/auf_dem_ruecken_der_pferde/html/body_gesundheit.html
www.reiten.de/putzen/die-pflege.htm
www.reiten.de/pferde-huf/pferdehuf.htm
www.reiterin.de/1/m/maehne.htm
www.reiterin.de/Haltung-der-Pferde/haltungsformen.htm
www.zedan.de/ZEDAN-Infos/Ringelblumen-Pflege/ringelblumen-pflege_für_tiere.htm
http://mitglied.lycos.de/waunca/putzen.html
www.pferdetipps-fuer-kids.de/seite8c.html
www.pferdia.de
www.voltigieren-meinsport.de
www.pferdemeinsport.de
www.christel-siller.de/parasiten.htm
http://merial.de
www.lag-online.de/pferdehaltung/artgerechtehaltung/index.html
fn@fn-dokr.de

Deutsche Reiterliche Vereinigung (FN)
Freiherr von Langen Straße
48231 Warendorf

Deutsche Akademie des Pferdes
Freiherr von Langen Straße 13
48231 Warendorf

Impressum

Umschlag von eStudio Calamar unter Verwendung von zwei Farbfotos von Ulrike Gast.

Mit 98 Farbfotos und 9 Zeichnungen von Ulrike Gast.

Bibliografische Information der Deutschen Bibliothek: Die Deutsche Bibliothek verzeichnet diese Publikation in der Deutschen Nationalbibliografie; detaillierte bibliografische Daten sind im Internet über http://dnb.ddb.de abrufbar.

Gedruckt auf chlorfrei gebleichtem Papier

ISBN 3-440-09525-8
Redaktion: Katja Metzler
Gestaltungskonzept: eStudio Calamar
Satz: Atelier Krohmer, Dettingen / Erms
Produktion: Kirsten Raue / Markus Schärtlein
Reproduktion: Master Image, Singapur
Printed in Germany / Imprimé en Allemagne
Druck und Bindung: Huber KG, Dießen

Alle Angaben in diesem Buch erfolgen nach bestem Wissen und Gewissen. Sie entbinden den Pferdehalter nicht von der Eigenverantwortung für sein Tier und können insbesondere die tierärztliche Untersuchung und Behandlung nicht ersetzen.

Postfach 10 60 11
D-70049 Stuttgart
TELEFON +49 (0)711-2191-0
FAX +49 (0)711-2191-422
WEB www.kosmos.de
E-MAIL info@kosmos.de

KOSMOS

Ratgeber Pferde

Aus der Praxis für die Praxis

Ulrike und Christiane Gast
Das Große und Kleine Hufeisen – Die Reiternadel

Für vielseitige Reiter ideal: Ein Abzeichen, das man mit einer anderen Sportart kombinieren kann! Mit Tipps zum glänzenden Bestehen.

ISBN 3-440-09200-3

U. Gast/C. Gast
Der richtige Sitz – Die Reiterhilfen
ISBN 3-440-09390-5

U. Gast/C. Gast
Die Gelände-Reitabzeichen
ISBN 3-440-09389-1

U. Gast/C. Gast
Pferde pflegen – perfekt präsentieren
ISBN 3-440-09525-8

U. Gast/C. Gast
Springen in der Praxis
ISBN 3-440-09528-2

Ulrike und Christiane Gast
Voltigieren

Das Turnen auf dem Pferd einzeln und in Gruppen von den ersten leichten Übungen bis zum Voltigierabzeichen.

ISBN 3-440-09199-6

U. Gast/C. Gast
Der erste Turnierstart
ISBN 3-440-09198-8

U. Gast/C. Gast
Der Pferdekauf
ISBN 3-440-09201-1

Jeder Band mit 48 Seiten, ca. 60 Farbfotos, kartoniert